educamos·sm

Caro aluno, seja bem-vindo à sua plataforma do conhecimento!

A partir de agora, você tem à sua disposição uma plataforma que reúne, em um só lugar, recursos educacionais digitais que complementam os livros impressos e são desenvolvidos especialmente para auxiliar você em seus estudos. Veja como é fácil e rápido acessar os recursos deste projeto.

1 Faça a ativação dos códigos dos seus livros.

Se você NÃO tiver cadastro na plataforma:
- Para acessar os recursos digitais, você precisa estar cadastrado na plataforma educamos.sm. Em seu computador, acesse o endereço <br.educamos.sm>.
- No canto superior direito, clique em "**Primeiro acesso? Clique aqui**". Para iniciar o cadastro, insira o código indicado abaixo.
- Depois de incluir todos os códigos, clique em "**Registrar-se**" e, em seguida, preencha o formulário para concluir esta etapa.

Se você JÁ fez cadastro na plataforma:
- Em seu computador, acesse a plataforma e faça o *login* no canto superior direito.
- Em seguida, você visualizará os livros que já estão ativados em seu perfil. Clique no botão "**Adicionar livro**" e insira o código abaixo.

Este é o seu código de ativação! → **DFTDN-XWQBR-AFQ9P**

2 Acesse os recursos.

Usando um computador

Acesse o endereço <br.educamos.sm> e faça o *login* no canto superior direito. Nessa página, você visualizará todos os seus livros cadastrados. Para acessar o livro desejado, basta clicar na sua capa.

Usando um dispositivo móvel

Instale o aplicativo **educamos.sm**, que está disponível gratuitamente na loja de aplicativos do dispositivo. Utilize o mesmo *login* e a mesma senha da plataforma para acessar o aplicativo.

Importante! Não se esqueça de sempre cadastrar seus livros da SM em seu perfil. Assim, você garante a visualização dos seus conteúdos, seja no computador, seja no dispositivo móvel. Em caso de dúvida, entre em contato com nosso canal de atendimento pelo **telefone 0800 72 54876** ou pelo *e-mail* atendimento@grupo-sm.com.

14595

Aprender juntos

3

3º ano

HISTÓRIA

ENSINO FUNDAMENTAL

MÔNICA LUNGOV
- Bacharela e licenciada em História pela Faculdade de Filosofia, Letras e Ciências Humanas (FFLCH) da Universidade de São Paulo (USP).
- Consultora pedagógica e professora de História no Ensino Fundamental e no Ensino Médio.

RAQUEL DOS SANTOS FUNARI
- Licenciada em História pela Faculdade de Filosofia, Ciências e Letras de Belo Horizonte.
- Mestra e doutora em História pelo Instituto de Filosofia e Ciências Humanas da Universidade Estadual de Campinas (Unicamp).
- Pesquisadora-colaboradora do Departamento de História do Instituto de Filosofia e Ciências Humanas da Unicamp.
- Professora de História e supervisora de área no Ensino Fundamental e no Ensino Médio.

ORGANIZADORA: EDIÇÕES SM
Obra coletiva concebida, desenvolvida e produzida por Edições SM.

São Paulo, 6ª edição, 2017

Aprender Juntos História 3
© Edições SM Ltda.
Todos os direitos reservados

Direção editorial M. Esther Nejm
Gerência editorial Cláudia Carvalho Neves
Gerência de *design* e produção André Monteiro
Edição executiva Robson Rocha
Edição: Isis Ridão Teixeira, Valéria Vaz, Vanessa do Amaral
Colaboração técnico-pedagógica: Pamela Goya
Assistência de edição: Flávia Trindade
Suporte editorial Alzira Bertholim, Fernanda Fortunato, Giselle Marangon, Talita Vieira, Silvana Siqueira
Coordenação de preparação e revisão Cláudia Rodrigues do Espírito Santo
Preparação e revisão: Ana Paula Ribeiro Migiyama, Maria de Fátima Cavallaro, Taciana Vaz, Vera Lúcia Rocha
Apoio de equipe: Beatriz Nascimento, Camila Durães Torres
Coordenação de *design* Gilciane Munhoz
***Design*:** Tiago Stéfano
Coordenação de arte Ulisses Pires, Juliano de Arruda Fernandes, Melissa Steiner Rocha Antunes
Edição de arte: Bruna Fava
Coordenação de iconografia Josiane Laurentino
Pesquisa iconográfica: Thaisi Lima
Tratamento de imagem: Marcelo Casaro
Capa João Brito, Gilciane Munhoz
Ilustração da capa: A mascoteria
Projeto gráfico Estúdio Insólito
Ilustrações AMj Studio, Bruna Ishihara, Carlos Caminha, Ilustra Cartoon, Mariângela Haddad, Mirella Spinelli, Robson Araujo
Cartografia Allmaps, João Miguel A. Moreira
Fabricação Alexander Maeda
Impressão BMF Gráfica e Editora

Dados Internacionais de Catalogação na Publicação (CIP)
(Câmara Brasileira do Livro, SP, Brasil)

Funari, Raquel dos Santos
  Aprender juntos história, 3º ano : ensino fundamental / Raquel dos Santos Funari, Mônica Lungov ; organizadora Edições SM ; obra coletiva concebida, desenvolvida e produzida por Edições SM ; editor responsável Robson Rocha. — 6. ed. — São Paulo : Edições SM, 2017. — (Aprender juntos)

  Suplementado pelo manual do professor.
  Bibliografia.
  ISBN 978-85-418-1923-7 (aluno)
  ISBN 978-85-418-1924-4 (professor)

  1. História (Ensino fundamental) I. Lungov, Mônica. II. Rocha, Robson. III. Título. IV. Série.

17-09297   CDD-372.89

Índices para catálogo sistemático:
1. História : Ensino fundamental 372.89

6ª edição, 2017
2ª impressão, Janeiro 2019

Edições SM Ltda.
Rua Tenente Lycurgo Lopes da Cruz, 55
Água Branca 05036-120 São Paulo SP Brasil
Tel. 11 2111-7400
edicoessm@grupo-sm.com
www.edicoessm.com.br

Apresentação

Caro aluno,

Este livro foi cuidadosamente pensado para ajudá-lo a construir uma aprendizagem sólida e cheia de significados que lhe sejam úteis não somente hoje, mas também no futuro. Nele, você vai encontrar estímulos para criar, expressar ideias e pensamentos, refletir sobre o que aprende, trocar experiências e conhecimentos.

Os temas, os textos, as imagens e as atividades propostos neste livro oferecem oportunidades para que você se desenvolva como estudante e como cidadão, cultivando valores universais como responsabilidade, respeito, solidariedade, liberdade e justiça.

Acreditamos que é por meio de atitudes positivas e construtivas que se conquistam autonomia e capacidade para tomar decisões acertadas, resolver problemas e superar conflitos.

Esperamos que este material didático contribua para o seu desenvolvimento e para a sua formação.

Bons estudos!

Equipe editorial

Conheça seu livro

Conhecer seu livro didático vai ajudar você a aproveitar melhor as oportunidades de aprendizagem que ele oferece.

Este volume contém doze capítulos. Veja como cada capítulo está organizado.

Abertura de capítulo

Essa página marca o início de um capítulo. Textos, tabelas, imagens variadas e atividades vão fazer você pensar e conversar sobre os temas que serão desenvolvidos ao longo do capítulo.

Desenvolvimento do assunto

Os textos, as imagens e as atividades destas páginas permitirão que você compreenda o conteúdo que está sendo apresentado.

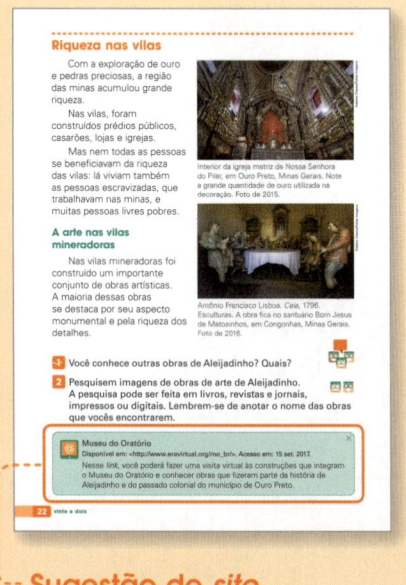

Registros

Nesta seção, você vai identificar e analisar diferentes tipos de registros históricos e refletir sobre eles.

Glossário

Ao longo do livro você encontrará uma breve explicação de algumas palavras e expressões que talvez não conheça.

Sugestão de *site*

As sugestões de *sites* favorecem a ampliação e o aprofundamento dos conteúdos estudados.

Finalizando o capítulo

No fim dos capítulos, há seções que buscam ampliar seus conhecimentos sobre a leitura de imagens, a diversidade cultural e os conteúdos abordados no capítulo.

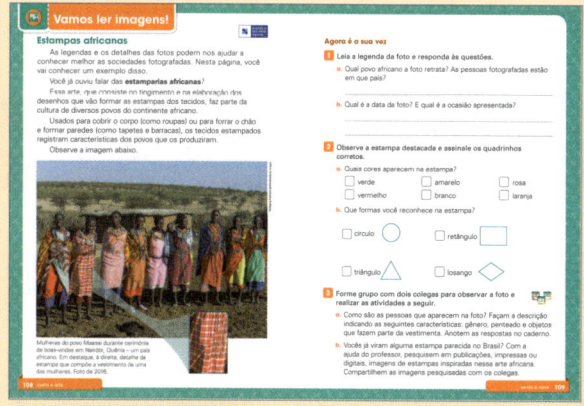

A seção **Vamos ler imagens!** propõe a análise de uma ou mais imagens e é acompanhada de atividades que vão ajudar você a compreender diferentes tipos de imagem.

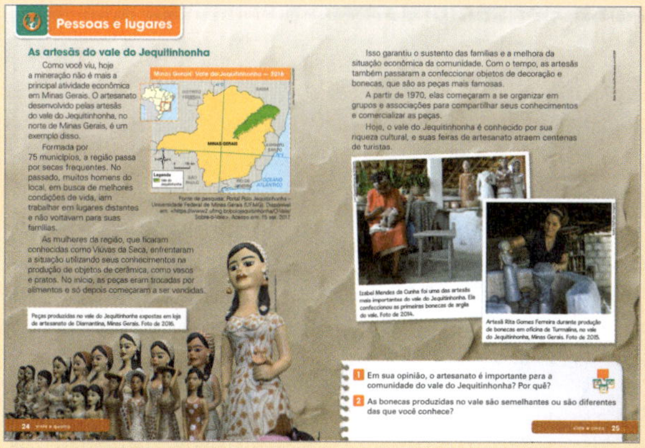

Na seção **Pessoas e lugares** você vai conhecer algumas características culturais de diferentes comunidades.

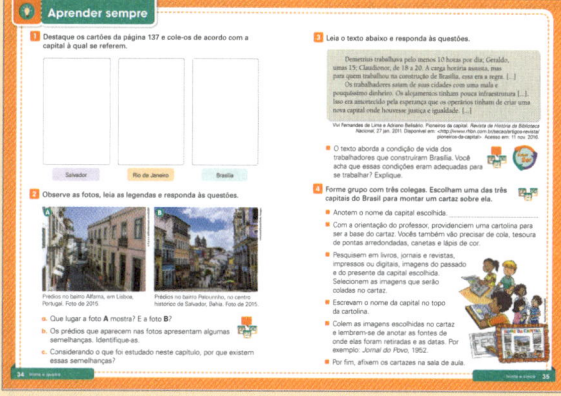

As atividades da seção **Aprender sempre** são uma oportunidade para você verificar o que aprendeu, analisar os assuntos estudados em cada capítulo e refletir sobre eles.

Material complementar

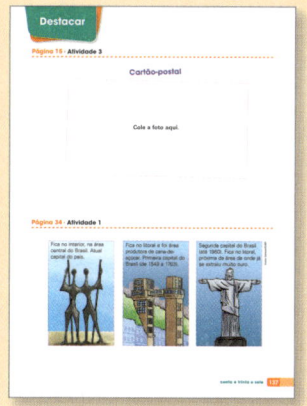

No final do livro, você vai encontrar material complementar para usar em algumas atividades.

Ícones usados no livro

 Atividade em grupo

 Atividade em dupla

 Atividade oral

 Recurso digital

 Saber ser

Sinaliza momentos propícios para professor e alunos refletirem sobre questões relacionadas a valores.

cinco 5

Sumário

CAPÍTULO 1 — As primeiras vilas do Brasil › 8

A origem das vilas no Brasil › 9
A vila de São Vicente › 10
Símbolos portugueses › 10
A vila de São Paulo de Piratininga › 11
A colonização no Nordeste › 12
A vila de Olinda › 12
Olinda hoje › 13

Registros
Cidades históricas › 13

Vamos ler imagens!
Cartão-postal de Salvador › 14

Aprender sempre › 16

CAPÍTULO 2 — As cidades do ouro › 18

A mineração e as vilas › 19
As vilas das Minas Gerais › 20
A caminho das minas, outras vilas › 21
Riqueza nas vilas › 22
A arte nas vilas mineradoras › 22
Do ouro ao turismo › 23

Pessoas e lugares
As artesãs do vale do Jequitinhonha › 24

Aprender sempre › 26

CAPÍTULO 3 — As capitais do Brasil › 28

Salvador: a primeira capital › 29
O crescimento da capital › 30

Registros
Igrejas › 30

Rio de Janeiro: a capital em novo endereço › 31
A vida na segunda capital › 32
Brasília: a atual capital do Brasil › 33

Aprender sempre › 34

CAPÍTULO 4 — Município: campo e cidade › 36

Os municípios do Brasil › 37
A cidade › 38
O campo › 40
A organização do município › 42

Registros
Tabela › 43

Aprender sempre › 44

CAPÍTULO 5 — O desenvolvimento das cidades › 46

As cidades e o comércio › 47
Como se vendia e se comprava › 48
As cidades e as indústrias › 49
Quem trabalhava nas indústrias? › 50
Moradias urbanas › 51
Os meios de transporte urbanos › 52
Transporte coletivo: passado e presente › 53

Vamos ler imagens!
Fotos de bondes elétricos › 54

Aprender sempre › 56

CAPÍTULO 6 — O município é de todos › 58

Direitos e deveres › 59
Problemas nos centros urbanos › 60
A questão da moradia › 61
O transporte público › 62
Pensando em soluções › 63
A participação dos cidadãos › 64

Pessoas e lugares
Hortas comunitárias em Cambé › 66

Aprender sempre › 68

CAPÍTULO 7 — As origens da cultura brasileira › 70

- Indígenas e portugueses › 71
- O tupi-guarani na língua portuguesa › 72
- Povos africanos › 73
- Resistindo à escravidão › 74

Registros
A arte como documento histórico › 75

Aprender sempre › 76

CAPÍTULO 8 — Diversidade de povos no Brasil: os indígenas › 78

- Onde estão os povos indígenas › 79
- Índios ou indígenas? › 80
- Diversos povos › 81
- A vida dos povos indígenas › 82
- Ser criança › 83
- Entrando na vida adulta › 85

Pessoas e lugares
Jogos dos Povos Indígenas › 86

Aprender sempre › 88

CAPÍTULO 9 — O encontro entre indígenas e portugueses › 90

- Os primeiros encontros › 91
- Diferenças › 92
- Tempos mais amistosos › 93
- O fim da convivência pacífica › 94
- Resultados do encontro › 95

Aprender sempre › 98

CAPÍTULO 10 — Da África para o Brasil › 100

- As sociedades africanas › 101
- Alguns aspectos culturais › 102
- Diversas religiões › 103

Registros
- Máscaras africanas › 103
- Comércio › 104
- O comércio de africanos escravizados › 105
- A escravização de africanos no Brasil › 106
- A resistência negra no Brasil › 107

Vamos ler imagens!
Estampas africanas › 108

Aprender sempre › 110

CAPÍTULO 11 — Outros povos que vieram ao Brasil › 112

- Quem eram os imigrantes › 113
- Imigrantes europeus › 114
- Imigrantes da Ásia › 116
- Imigrantes da África e da América › 117

Pessoas e lugares
Crianças refugiadas, estudantes em São Paulo › 118

Aprender sempre › 120

CAPÍTULO 12 — Diversidade cultural no Brasil › 122

- Heranças › 123
- Lendas e mitos indígenas › 123
- Cordel e poesia popular: influências portuguesas › 124
- Capoeira: influência africana › 125
- Festas e ritmos › 126
- Festas populares no Brasil › 127

Registros
Instrumentos musicais › 129

Vamos ler imagens!
Rendeiras nordestinas › 130

Aprender sempre › 132

Sugestões de leitura › 134
Bibliografia › 136
Material complementar › 137

CAPÍTULO 1

As primeiras vilas do Brasil

Cerca de 500 anos atrás, o território que hoje conhecemos como Brasil era muito diferente. Não havia cidades ou vilas, e sim centenas de comunidades indígenas.

Quando os portugueses chegaram, tiveram contato com essas comunidades. E como será que os indígenas perceberam a chegada dos portugueses?

A pintura ao lado é uma representação desse momento.

Candido Portinari. *Descobrimento*, 1956. Óleo sobre tela.

▷ Na pintura de Candido Portinari, os indígenas parecem felizes com a chegada das embarcações portuguesas?

▷ Em sua opinião, como era a vida dos indígenas antes da chegada dos portugueses?

▷ A organização de vilas e cidades está relacionada ao modo de vida dos indígenas ou dos portugueses? Qual é sua opinião sobre isso?

A origem das vilas no Brasil

Em 1500, navegadores portugueses, comandados por Pedro Álvares Cabral, chegaram em caravelas às terras que, depois, chamaram de **Brasil**.

No começo, os portugueses estabeleceram contato com os indígenas e começaram a exploração do pau-brasil. Trinta anos depois, deram início à dominação e à exploração das terras no Brasil, com a fundação das primeiras **vilas**. Esse processo é chamado de **colonização**.

Oscar Pereira da Silva. *Desembarque de Pedro Álvares Cabral em Porto Seguro em 1500*, pintura feita em 1922. Óleo sobre tela.

1 Pintem de **vermelho** os quadrinhos com as respostas corretas.

a. Quais grupos de pessoas estão representados na pintura?

☐ bombeiros ☐ portugueses

☐ carteiros ☐ indígenas

b. Quais embarcações aparecem na pintura?

☐ navio ☐ barco a remo

☐ caravela ☐ carro

A vila de São Vicente

Em 1530, o governo português enviou uma expedição aos novos territórios. Martim Afonso de Sousa, comandante dessa expedição, fundou em 1532 a vila de São Vicente, localizada no litoral do atual estado de São Paulo. Essa foi uma das primeiras vilas do Brasil.

Nela, foi instalado o primeiro **engenho de açúcar**, onde se cultivava a cana e se produzia açúcar, para ser vendido na Europa.

Benedito Calixto. *Fundação de São Vicente*, 1900. Óleo sobre tela.

Símbolos portugueses

A fundação de vilas era uma forma de garantir que os territórios ocupados pelos portugueses ficassem sob o poder de Portugal. Por isso, as vilas apresentavam os seguintes símbolos da autoridade portuguesa:

- a **casa da Câmara** – que era a sede da administração;
- a **cadeia** – que ficava no mesmo prédio da Câmara;
- o **pelourinho** – coluna de pedra ou de madeira que servia para afixar leis e aplicar castigos nas pessoas consideradas criminosas.

Casa da Câmara, pelourinho e cadeia de Mariana, Minas Gerais, construídos em 1782. Atualmente, o prédio funciona como sede da prefeitura de Mariana. Foto de 2014.

1 Há Câmara, pelourinho ou cadeia no município onde vocês moram? Pesquisem em revistas e jornais, impressos ou digitais, para descobrir e anotem os resultados no caderno.

A vila de São Paulo de Piratininga

Saindo de São Vicente, um grupo de **jesuítas**, entre eles José de Anchieta, subiu a serra do Mar. Esse grupo ocupou terras mais altas e distantes do litoral.

> **Jesuíta:** padre da Companhia de Jesus, uma parte da Igreja católica.

Em 25 de janeiro de 1554, fundou um colégio. O colégio deu origem ao povoado de São Paulo de Piratininga.

Em 1560, o povoado tornou-se vila e foi crescendo aos poucos. Em cerca de quarenta anos, já havia mais de 120 casas, o colégio dos jesuítas, o mosteiro de São Bento e a igreja de São Francisco.

Fonte de pesquisa: *Atlas geográfico escolar*. Rio de Janeiro: IBGE, 2016. p. 90 e 174.

Oscar Pereira da Silva. *Fundação de São Paulo, 1554*, pintura feita em 1909. Óleo sobre tela.

1 Como os indígenas foram retratados na imagem? E os jesuítas? Complete o quadro abaixo com essas informações.

Indígenas	Jesuítas

A colonização no Nordeste

Em diversas áreas do Nordeste do Brasil, foram construídas vilas ligadas à produção de açúcar. É o caso de Olinda, no atual estado de Pernambuco.

A vila de Olinda

Em 1535, foi fundado o povoado de Olinda.

O cultivo de cana e a produção de açúcar nos engenhos foram as principais atividades desenvolvidas. Quase todo o trabalho nos engenhos era feito por africanos escravizados.

A localização do povoado ajudou bastante na realização dessas atividades, já que a área tinha solo fértil e fácil acesso à água.

Além disso, havia um porto natural perto de Olinda, o que facilitava o envio do açúcar para a Europa, que era feito por navios.

Logo, o povoado passou a prosperar e, em 1537, Olinda tornou-se vila.

Fonte de pesquisa: *Atlas geográfico escolar*. Rio de Janeiro: IBGE, 2016. p. 90 e 167.

Frans Post. *Vista de Olinda*, 1650. Óleo sobre tela. Ao fundo, vê-se a vila de Olinda.

1 Pinte de **laranja** o quadrinho que apresenta as primeiras atividades econômicas realizadas em Olinda.

☐ Cultivo da cana e produção de açúcar.

☐ Plantação de café e criação de gado.

2 Observe a imagem acima e responda: Como as construções de Olinda foram representadas?

Olinda hoje

Em 1676, Olinda passou à condição de cidade.

Igrejas e casarões, erguidos na época dos engenhos de cana-de-açúcar, são importantes exemplos da arquitetura e do modo de vida daquele período. Em 1982, devido à sua riqueza histórica, Olinda foi declarada **patrimônio cultural da humanidade**.

Patrimônio cultural da humanidade: também chamado de patrimônio cultural mundial. É um conjunto de monumentos e construções considerado valioso por abrigar e preservar vestígios do passado das sociedades.

Vista do centro histórico de Olinda, Pernambuco, com a igreja da Sé em destaque. Foto de 2016.

Registros

Cidades históricas

A história das cidades pode ser contada por meio dos acontecimentos marcantes e das mudanças pelas quais cada uma delas passa.

As cidades se transformam e muitas delas deixam de preservar as construções mais antigas. Em outras, como Alcântara, no Maranhão, esses marcos do passado são preservados. São as cidades históricas. Nessas cidades, encontramos fontes, **chafarizes**, casarões, igrejas e até mesmo o calçamento de pedras das ruas utilizado no passado.

Ruínas da igreja matriz de São Matias e pelourinho, em Alcântara, Maranhão. Foto de 2014.

Chafariz: construção com bica ou torneira, onde a população ia buscar água.

1 Você já reparou se no município onde mora há construções e monumentos considerados históricos? Dê exemplos e conte o que sabe sobre eles.

 # Vamos ler imagens!

Cartão-postal de Salvador

Os cartões-postais apresentam imagens de determinados lugares e podem ser enviados a alguém pelo correio. Em um dos lados do cartão, há uma imagem; e do outro, espaços em branco para escrevermos uma curta mensagem, o endereço do destinatário e colarmos o selo postal.

As imagens dos cartões-postais mostram ruas, praças, monumentos, paisagens naturais, entre outros aspectos que podem nos ajudar a conhecer parte de um lugar. Por isso, é possível saber mais sobre o passado de um lugar por meio das imagens de cartões-postais antigos. Observe o cartão-postal abaixo.

Acima, cartão-postal da avenida Oceânica, em Salvador, Bahia, em cerca de 1900. À direita, verso de um cartão-postal.

Agora é a sua vez

1 Leia a legenda da imagem e responda às questões.

a. Onde fica o local representado no cartão-postal?

___

b. Qual local foi retratado?

___

c. O cartão-postal é antigo ou atual? Por quê?

___

2 Forme grupo com dois colegas para observar a imagem e realizar as atividades a seguir.

a. Quais elementos aparecem na imagem? Marquem com um **X**.

☐ árvores ☐ carros ☐ pessoas
☐ construções ☐ água ☐ céu

b. Com base na imagem, escrevam uma hipótese sobre o porquê de a avenida retratada se chamar Oceânica. Depois, leiam para a turma.

___

c. Com a ajuda do professor, pesquisem em revistas e jornais, impressos ou digitais, imagens atuais do local retratado no cartão-postal. Comparem as fotos atuais com a imagem do passado. Que mudanças ocorreram?

3 Agora é a sua vez! Com a orientação do professor, escolha uma imagem do município onde você mora. Pode ser uma foto antiga ou atual. Utilize essa foto para confeccionar o cartão-postal da página 137. Na área indicada, cole a imagem. Lembre-se de anotar o local e a data da foto. Você pode presentear um colega da turma com o cartão-postal do município. Neste caso, deixe uma mensagem para ele no verso no cartão.

Aprender sempre

1 O mapa ao lado apresenta a primeira vila fundada no Brasil, no litoral.

a. Qual é o nome dessa vila? Quem a fundou?

_____

_____

b. No mapa, há indicações de "Fazendas" para mostrar as principais atividades econômicas desenvolvidas nessa vila. Quais são essas atividades?

Reprodução de mapa feito em cerca de 1586.

_____

c. Localize no mapa o "Caminho para o sertão". Subindo por ele, alguns padres chegaram a uma área mais alta que o litoral e lá fundaram um colégio. Qual povoado se originou desse colégio?

_____

2 Leia o texto a seguir.

> O **donatário** [...] de Pernambuco [...] escolheu o local para implantação do vilarejo [...]. O vilarejo prosperou rapidamente por ser a sede de uma das principais fontes de um produto extremamente valorizado no mercado internacional [...] [da época]: o açúcar. Nesse período, ordens religiosas se instalaram: as igrejas e os conventos que elas construíram encontram-se entre os mais antigos do Brasil.

Donatário: pessoa que recebia terras do rei de Portugal e que era responsável por administrá-las.

Centro Histórico de Olinda (PE). Portal Iphan. Disponível em: <http://portal.iphan.gov.br/pagina/detalhes/33>. Acesso em: 15 set. 2017.

■ O texto se refere a qual vila fundada no Brasil? Dica: Ela foi declarada patrimônio cultural da humanidade em 1982.

3 Observe as imagens e responda às questões.

Jean-Baptiste Debret. *Palácio do governo em São Paulo*, 1827. Aquarela. O colégio dos jesuítas teve essa função de 1765 a 1908.

Pátio do Colégio, no município de São Paulo. Foto de 2014.

a. As imagens representam o mesmo local em épocas diferentes. Que local é esse?

_____

_____

b. Que mudanças é possível observar da imagem **A** para a imagem **B**? O que parece igual?

_____

_____

_____

c. As imagens mostram construções que foram preservadas ao longo do tempo. Essas construções ajudam a contar a história de uma das primeiras vilas do Brasil. Em sua opinião, por que é importante preservar construções como essas?

dezessete **17**

CAPÍTULO 2

As cidades do ouro

Antônio Francisco Lisboa, conhecido como Aleijadinho, foi um artista que produziu importantes obras arquitetônicas, esculturas e entalhes.

Ele viveu, aproximadamente, entre 1730 e 1814. A maioria de seus trabalhos encontra-se nas cidades históricas do estado de Minas Gerais, como Ouro Preto, Sabará, São João del Rei e Congonhas.

Essas cidades já foram vilas muito ricas.

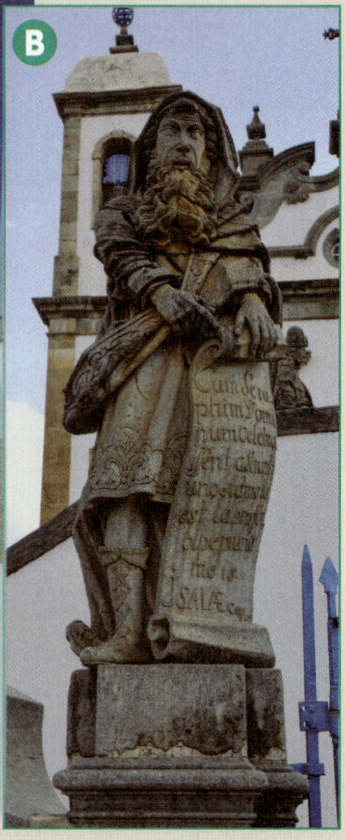

Antônio Francisco Lisboa. *Os doze profetas*, 1800 a 1805. Conjunto de esculturas disposto na entrada do santuário Bom Jesus de Matosinhos, em Congonhas, Minas Gerais. Em 1985, o santuário foi declarado patrimônio cultural da humanidade. À direita, detalhe da obra *Profeta Isaías*. Fotos de 2016.

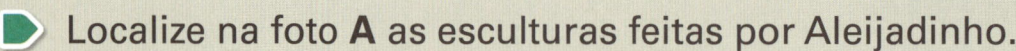

- Localize na foto **A** as esculturas feitas por Aleijadinho.
- Observe a foto **B** com atenção e conte aos colegas sua opinião sobre essa obra de arte.
- Em sua opinião, qual seria o motivo para o estado de Minas Gerais ter esse nome?

A mineração e as vilas

Além do cultivo da cana e da produção de açúcar, outra atividade econômica contribuiu para formar novas vilas no Brasil: a mineração.

Por volta de 1700, foram descobertas minas de ouro e de pedras preciosas no território do atual estado de Minas Gerais. A notícia se espalhou, e muitas pessoas de outras áreas do Brasil e até de Portugal foram para lá.

Havia poucas casas nos primeiros povoados. Depois, eles foram crescendo, até se tornarem vilas. Ali viviam pessoas com as mais variadas profissões: pedreiros, comerciantes, pintores, alfaiates, músicos, entre outras. O trabalho nas minas geralmente era realizado por africanos escravizados.

Alguns anos mais tarde, foram descobertas minas na região dos atuais estados de Mato Grosso, Goiás e Bahia. Então, outras vilas se formaram também nesses locais.

Fonte de pesquisa: Cláudio Vicentino. *Atlas histórico geral e do Brasil*. São Paulo: Scipione, 2011. p. 102.

1 Observe o mapa e responda às questões.

   a. O que representam as partes assinaladas com ▨?

   b. Hoje, em quais estados estariam localizadas as minas indicadas nos mapas?

   c. No estado onde você mora, houve mineração nessa época?

As vilas das Minas Gerais

As principais vilas da região das minas foram Vila Rica (atual Ouro Preto), Ribeirão do Carmo (atual Mariana), Vila Real (atual Sabará), São José del Rei (atual Tiradentes), Arraial do Tijuco (atual Diamantina) e Vila do Príncipe (atual Serro).

Centro histórico do município de Serro, Minas Gerais. À direita, a igreja de Santa Rita. Foto de 2014.

Fachada de casas construídas no período colonial em Sabará, Minas Gerais. Foto de 2015.

Em geral, nessas vilas o calçamento das ruas era feito de pedras, e havia casas, chafarizes e muitas igrejas. A maioria das igrejas era decorada com ouro, **madeiras nobres** e obras de artistas.

Madeira nobre: madeira rara e cara, por sua beleza e durabilidade.

A fachada das casas mais modestas era composta de uma porta frontal e duas janelas, enquanto os sobrados destinavam-se a moradias de famílias ricas.

2 O texto abaixo descreve as antigas moradias da vila Ribeirão do Carmo, atual município de Mariana. Compare essas informações com os prédios das imagens acima.

> Na Vila do Carmo [...] o povoado constituía-se de simples **ranchos** de **pau a pique**, havendo um único sobrado com cobertura de telhas – chamado pomposamente de "palácio" por servir de residência ao governador.

Rancho: moradia simples, semelhante a uma cabana.
Pau a pique: técnica de construção que usa madeira e barro.

Cláudia Damasceno Fonseca. Embates mineiros. *Revista de História da Biblioteca Nacional*, 3 jun. 2011. Disponível em: <http://www.revistadehistoria.com.br/secao/artigos-revista/embates-mineiros>. Acesso em: 15 set. 2017.

A caminho das minas, outras vilas

Na região das minas, a maior parte dos moradores dedicava-se à exploração de ouro e pedras preciosas. Poucas pessoas cultivavam alimentos e criavam animais para abastecer as vilas, pois a atividade mineradora era mais lucrativa.

Muitos produtos de que os moradores necessitavam eram trazidos por tropeiros – grupos de comerciantes que conduziam gado e tropas de mulas ou burros transportando mercadorias, como ferro, trigo, sal, azeite, algodão, açúcar e remédios.

As tropas tinham de vinte a cinquenta mulas ou burros e percorriam estradas de terra estreitas. Muitos dos lugares onde os tropeiros descansavam deram origem a cidades. Sorocaba, no estado de São Paulo, e Ponta Grossa, no Paraná, são alguns exemplos. Surgiram cidades também em Minas Gerais e Goiás.

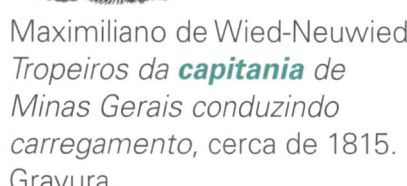

Maximiliano de Wied-Neuwied. *Tropeiros da **capitania** de Minas Gerais conduzindo carregamento*, cerca de 1815. Gravura.

Capitania: divisão das terras coloniais que eram administradas por um donatário.

3 Observe a gravura e leia a legenda. Quais elementos da imagem indicam que se trata de tropeiros?

_____

4 Responda às questões a seguir.

   a. Qual era a principal atividade comercial realizada pelos moradores da região das minas?

   b. Por que os moradores das regiões mineradoras não produziam aquilo de que necessitavam? Explique.

   c. Em sua opinião, as atividades dos tropeiros foram importantes para os moradores das vilas mineiras? Por quê?

vinte e um 21

Riqueza nas vilas

Com a exploração de ouro e pedras preciosas, a região das minas acumulou grande riqueza.

Nas vilas, foram construídos prédios públicos, casarões, lojas e igrejas.

Mas nem todas as pessoas se beneficiavam da riqueza das vilas: lá viviam também as pessoas escravizadas, que trabalhavam nas minas, e muitas pessoas livres pobres.

Interior da igreja matriz de Nossa Senhora do Pilar, em Ouro Preto, Minas Gerais. Note a grande quantidade de ouro utilizada na decoração. Foto de 2015.

A arte nas vilas mineradoras

Nas vilas mineradoras foi construído um importante conjunto de obras artísticas. A maioria dessas obras se destaca por seu aspecto monumental e pela riqueza dos detalhes.

Antônio Francisco Lisboa. *Ceia*, 1796. Esculturas. A obra fica no santuário Bom Jesus de Matosinhos, em Congonhas, Minas Gerais. Foto de 2016.

1 Você conhece outras obras de Aleijadinho? Quais?

2 Pesquisem imagens de obras de arte de Aleijadinho. A pesquisa pode ser feita em livros, revistas e jornais, impressos ou digitais. Lembrem-se de anotar o nome das obras que vocês encontrarem.

Museu do Oratório
Disponível em: <http://www.eravirtual.org/mo_br/>. Acesso em: 15 set. 2017.

Nesse *link*, você poderá fazer uma visita virtual às construções que integram o Museu do Oratório e conhecer obras que fizeram parte da história de Aleijadinho e do passado colonial do município de Ouro Preto.

Do ouro ao turismo

Por volta de 1760, a mineração começou a diminuir em razão do **esgotamento das minas**.

> **Esgotamento das minas:** no texto, significa que o ouro e as pedras preciosas estavam acabando.

Atualmente, a maioria dos municípios localizados na antiga região das minas não vive mais do ouro. No entanto, as ruas estreitas, as igrejas ricamente decoradas, os grandes casarões e as casas com janelas e portas coloridas preservam parte desse período histórico.

As antigas vilas tornaram-se **cidades turísticas**.

Apresentação teatral em frente à igreja de Nossa Senhora do Rosário, em Tiradentes, Minas Gerais. Foto de 2014.

Turistas praticam trilha na Estrada Real, em Diamantina, Minas Gerais. Foto de 2016. Atualmente, as rotas coloniais são usadas para o **turismo ecológico**.

> **Turismo ecológico:** atividade turística com o objetivo de admirar e estudar a natureza, sem causar danos; promove o cuidado com o meio ambiente e o respeito pela população local.

3 As cidades turísticas da região das minas preservam construções que contam a história do período colonial. Quais são essas construções? Anote no caderno.

4 Você já visitou alguma cidade histórica? Como foi? Caso não tenha visitado, qual cidade histórica você gostaria de conhecer?

Pessoas e lugares

As artesãs do vale do Jequitinhonha

Como você viu, hoje a mineração não é mais a principal atividade econômica em Minas Gerais. O artesanato desenvolvido pelas artesãs do vale do Jequitinhonha, no norte de Minas Gerais, é um exemplo disso.

Formada por 75 municípios, a região passa por secas frequentes. No passado, muitos homens do local, em busca de melhores condições de vida, iam trabalhar em lugares distantes e não voltavam para suas famílias.

As mulheres da região, que ficaram conhecidas como Viúvas da Seca, enfrentaram a situação utilizando seus conhecimentos na produção de objetos de cerâmica, como vasos e pratos. No início, as peças eram trocadas por alimentos e só depois começaram a ser vendidas.

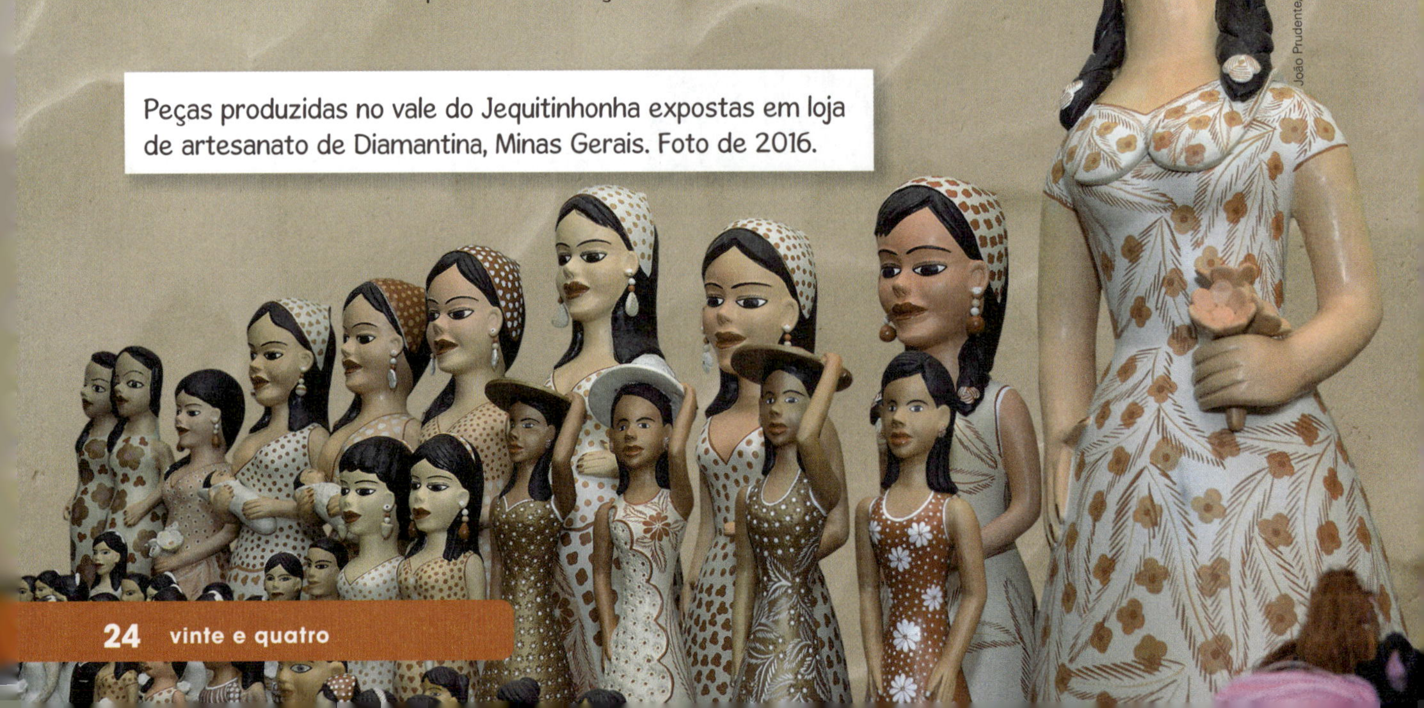

Minas Gerais: Vale do Jequitinhonha — 2016

Fonte de pesquisa: Portal Polo Jequitinhonha – Universidade Federal de Minas Gerais (UFMG). Disponível em: <https://www2.ufmg.br/polojequitinhonha/O-Vale/Sobre-o-Vale>. Acesso em: 15 set. 2017.

Peças produzidas no vale do Jequitinhonha expostas em loja de artesanato de Diamantina, Minas Gerais. Foto de 2016.

Isso garantiu o sustento das famílias e a melhora da situação econômica da comunidade. Com o tempo, as artesãs também passaram a confeccionar objetos de decoração e bonecas, que são as peças mais famosas.

A partir de 1970, elas começaram a se organizar em grupos e associações para compartilhar seus conhecimentos e comercializar as peças.

Hoje, o vale do Jequitinhonha é conhecido por sua riqueza cultural, e suas feiras de artesanato atraem centenas de turistas.

Izabel Mendes da Cunha foi uma das artesãs mais importantes do vale do Jequitinhonha. Ela confeccionou as primeiras bonecas de argila do vale. Foto de 2014.

Artesã Rita Gomes Ferreira durante produção de bonecas em oficina de Turmalina, no vale do Jequitinhonha, Minas Gerais. Foto de 2015.

1. Em sua opinião, o artesanato é importante para a comunidade do vale do Jequitinhonha? Por quê?
2. As bonecas produzidas no vale são semelhantes ou são diferentes das que você conhece?

Aprender sempre

ACESSE O RECURSO DIGITAL

1 Observe a foto ao lado. Ela mostra uma parte da igreja de São Francisco de Assis, localizada em Mariana, Minas Gerais.

Rubens Chaves/Pulsar Imagens

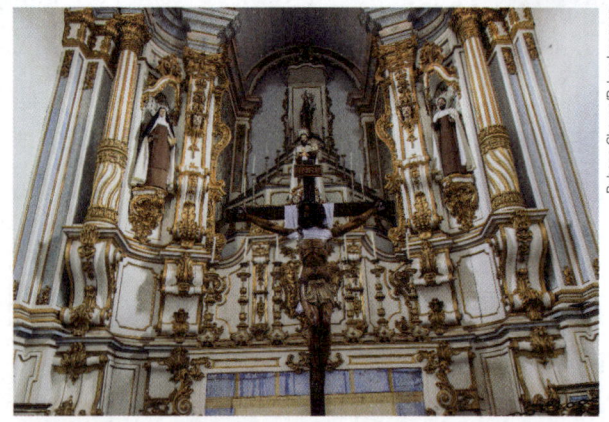

Interior da igreja de São Francisco de Assis, em Mariana, Minas Gerais. Foto de 2015.

- Essa igreja e muitas outras, localizadas em cidades históricas brasileiras, são decoradas com ouro. Explique por que isso ocorre.

____

____

2 Observem a imagem e respondam às questões.

a. Qual atividade econômica foi representada na gravura?

____

____

Fundação Biblioteca Nacional, Rio de Janeiro. Fotografia: ID/BR

Johann Moritz Rugendas. *Lavagem de ouro perto do morro Itacolomi*, 1827. Gravura.

b. A partir de quando ela começou a ser praticada no Brasil?

____

____

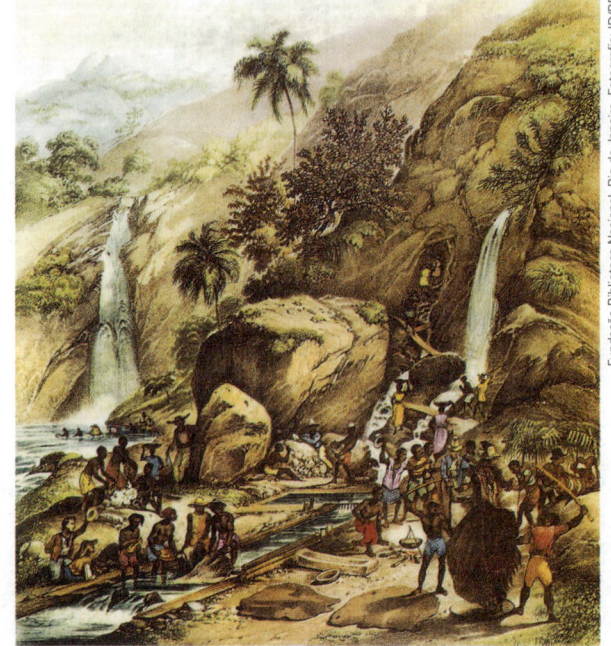

c. Essa gravura é da mesma época em que tiveram início as atividades de mineração? Expliquem.

____

____

____

____

____

3 Em 1945, o centro histórico de Mariana, em Minas Gerais, foi declarado patrimônio histórico nacional. Observe a foto ao lado.

Fachada da casa do conde de Assumar, em Mariana, Minas Gerais. Foto de 2014.

a. Qual era o estado de conservação da fachada em 2014?

☐ bom
☐ ótimo
☐ ruim

b. Em sua opinião, esse estado é adequado a uma construção declarada patrimônio histórico nacional? Explique.

4 Leia o texto a seguir e responda às questões.

> Antônio Francisco Lisboa nasceu em 1730 em Vila Rica (atual Ouro Preto), Minas Gerais [...]. Filho de Manoel Francisco Lisboa, português, e de uma escrava deste, africana, de nome Izabel, tornou-se o maior escultor do Brasil, tendo trabalhado até às vésperas de sua morte. Deixou uma obra vastíssima e de grande valor artístico.
> Sua formação se deu no próprio meio familiar, aprendendo com o pai [...].

Ronaldo Simões Coelho. *Pérola torta (Aleijadinho)*.
Belo Horizonte: Dimensão, 1995. s. p. (Coleção Arte/Vida).

a. De que o texto trata?

b. Onde Antônio Francisco Lisboa nasceu?

c. O artista aprendeu a esculpir frequentando uma escola?

5 Na época da mineração, havia muita riqueza nas vilas e cidades envolvidas nessa atividade. Será que todos os moradores compartilhavam dessa riqueza? Qual é sua opinião sobre isso?

CAPÍTULO 3
As capitais do Brasil

A atual **capital** do Brasil é Brasília. Ela fica na área central do território brasileiro. Mas o país já teve outras capitais: Salvador e Rio de Janeiro.

Capital: cidade onde fica a sede do governo do estado ou do país.

Vista de Salvador, Bahia, com elevador Lacerda à direita. Foto de 2015.

Fonte de pesquisa: *Atlas geográfico escolar*. Rio de Janeiro: IBGE, 2016. p. 90.

Vista do município do Rio de Janeiro, com Pão de Açúcar ao fundo. Foto de 2016.

Congresso Nacional e Esplanada dos Ministérios, em Brasília, Distrito Federal. Foto de 2015.

▶ Você conhece algum dos locais que aparecem nessas fotos?

▶ Você mora, já morou ou já visitou alguma capital? Em caso afirmativo, conte sua experiência aos colegas.

Salvador: a primeira capital

Quando começaram a ocupar o Brasil, os portugueses dominaram muitos povos indígenas e tomaram suas terras. O Brasil se tornou colônia de Portugal. Todos os que viviam nas vilas e cidades brasileiras eram governados pela Coroa portuguesa.

Em 1549, o rei de Portugal enviou Tomé de Sousa ao Brasil para governar a colônia. Tomé de Sousa fundou a cidade de Salvador para ser a capital do Brasil. O local foi escolhido porque era próximo da área onde se cultivava cana e se produzia açúcar.

O forte de Santo Antônio da Barra, em Salvador, Bahia, foi construído na mesma época em que foram erguidas as primeiras casas da cidade. Foto de 2016.

Cerca de mil pessoas vieram de Portugal com Tomé de Sousa. Foram construídas fortificações para proteger a cidade. Ergueram-se também a casa da Câmara e a cadeia, o colégio dos jesuítas e várias casas de comércio e moradias de pau a pique e palha.

Habitação de pau a pique em Casa Nova, Bahia. Foto de 2014.

1 Escolha as palavras que completam corretamente cada frase.

| açúcar | algodão | Recife | Salvador |

a. _____ foi a primeira capital do Brasil.

b. A primeira capital do Brasil ficava próxima da região onde se produzia o _____.

O crescimento da capital

Salvador foi a capital do Brasil de 1549 a 1763. Nesse período, a cidade cresceu e passou por muitas mudanças: o comércio aumentou e surgiram diversos profissionais (sapateiros, barbeiros, médicos, farmacêuticos, entre outros).

José Antonio Caldas. Representação de vista da cidade de Salvador, 1758. Gravura.

🔍 Registros

Igrejas

Ao estudar a história das primeiras cidades brasileiras, você viu fotos de várias construções, entre elas de algumas igrejas.

Se observarmos a arquitetura de uma igreja antiga, sua decoração, os objetos usados nas cerimônias, entre outros elementos, podemos conhecer um pouco sobre a vida naquele período: o quanto a cidade era rica, quem frequentava a igreja, artistas que trabalharam nela, etc.

Além disso, os registros de casamento e de batismo realizados nas igrejas trazem informações sobre as pessoas da região: quando nasceram, nome dos pais, quando e com quem se casaram.

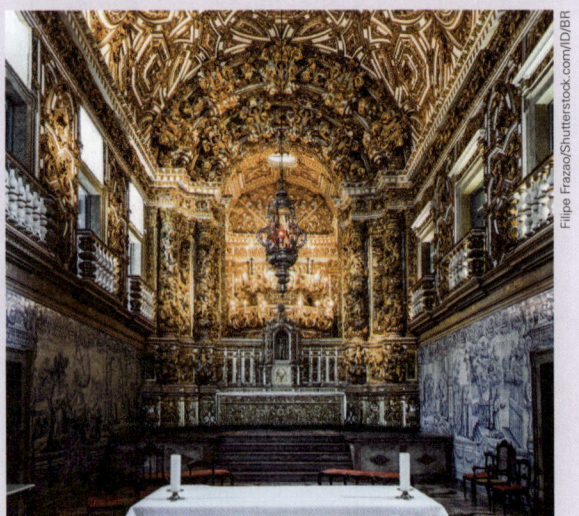

Interior da igreja de São Francisco, em Salvador, Bahia. Foto de 2014.

1 Na época em que o Brasil era colônia de Portugal, foram construídas muitas igrejas. Qual era a importância das igrejas nessa época?

Rio de Janeiro: a capital em novo endereço

A mineração de ouro e pedras preciosas, a partir de 1700, trazia grandes lucros para os mineradores. A Coroa portuguesa também lucrava com isso, pois ficava com uma parte de tudo que era extraído. Essa parte é chamada de **imposto**.

Muitos mineradores tentavam enganar a Coroa para não pagar os impostos. Para impedir isso, o governo de Portugal adotou várias medidas. Uma delas foi a transferência da capital de Salvador para o Rio de Janeiro, em 1763.

A cidade do Rio de Janeiro estava mais próxima da Estrada Real, o caminho oficial pelo qual todo o ouro extraído da região das minas deveria passar.

Dessa forma, ficava mais fácil para o governo português fiscalizar a extração e o transporte do ouro até Portugal.

Fonte de pesquisa: Cláudio Vicentino. *Atlas histórico geral e do Brasil*. São Paulo: Scipione, 2011. p. 102.

1 Observe o mapa e responda às questões no caderno.

a. As cidades de Salvador e do Rio de Janeiro estão localizadas no interior ou no litoral?

b. O trajeto da Estrada Real ficava mais próximo de Salvador ou do Rio de Janeiro?

c. A localização da capital era importante para o governo português. Por que, então, o governo português resolveu mudar a capital de Salvador para o Rio de Janeiro?

A vida na segunda capital

A transferência da capital para o Rio de Janeiro foi transformando, aos poucos, o modo de vida dos moradores e a paisagem da cidade.

Em 1808, o rei português, sua família e os funcionários da **Corte** se transferiram de Portugal para o Rio de Janeiro. A partir daí, as transformações se aceleraram.

> **Corte:** grupo de pessoas que acompanham o rei, prestando serviços ou não.

Os antigos edifícios foram substituídos por construções parecidas com as da Europa. Ruas foram alargadas e ganharam calçadas. Formaram-se novos bairros, lojas foram instaladas e o comércio cresceu.

Quase cem anos depois, em 1904, uma reforma modificou novamente a cidade. Muitas construções foram demolidas. Largas avenidas, iluminação pública e rede de esgoto fizeram parte das mudanças.

Godefroy Engelmann. *Vista da rua Direita*, no Rio de Janeiro, cerca de 1820. Gravura.

Emil Bauch. *Vista da rua Direita*, no Rio de Janeiro, cerca de 1890. Óleo sobre tela.

Vista da rua Primeiro de Março (antiga rua Direita), no município do Rio de Janeiro. Foto de cerca de 1920.

2 Observe as imagens acima e responda às questões.

    a. De quando é a imagem mais antiga? E a mais atual?

    b. A rua Primeiro de Março, no município do Rio de Janeiro, sempre teve esse nome?

    c. Ao longo do tempo, que mudanças você observa no local?

Brasília: a atual capital do Brasil

ACESSE O RECURSO DIGITAL

No fim da década de 1950, o governo brasileiro decidiu mudar a capital para o centro do país. O objetivo da mudança era ocupar as áreas do interior e promover a **integração** do território.

Integração: união de áreas de difícil acesso por meio de comunicação, transporte, comércio, entre outros serviços.

Arquivo/Agência Brasil

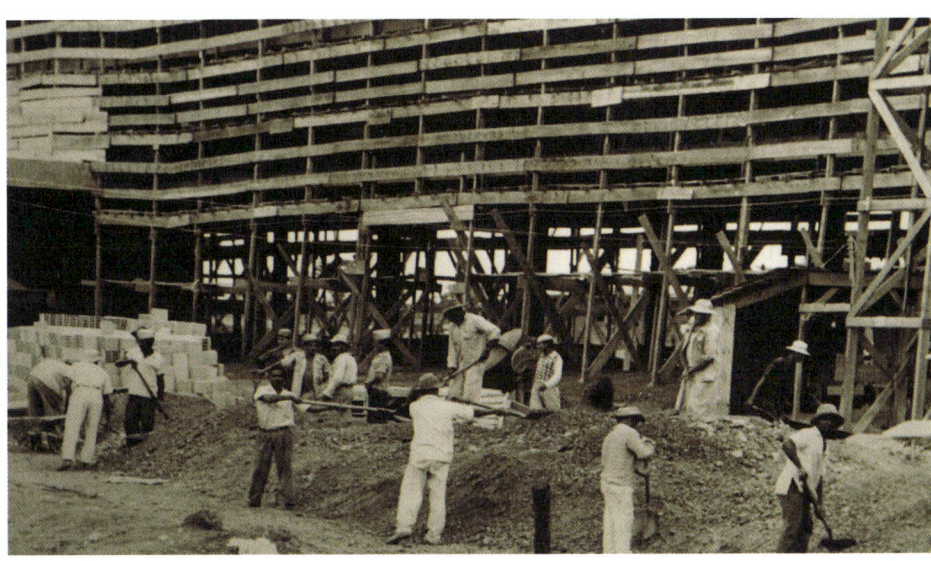

Operários trabalhando na construção de Brasília. Foto de 1960.

Os arquitetos Oscar Niemeyer e Lúcio Costa projetaram a nova capital. As construções, as ruas e os bairros não foram criados conforme as pessoas chegavam, mas de acordo com um plano.

A cidade planejada levou 41 meses para ser construída. Cerca de 30 mil trabalhadores, conhecidos como candangos, vindos de muitos estados do Brasil, revezaram-se dia e noite nas obras.

A inauguração da nova capital ocorreu em 21 de abril de 1960.

Arnaldo Jr/Shutterstock.com/ID/BR

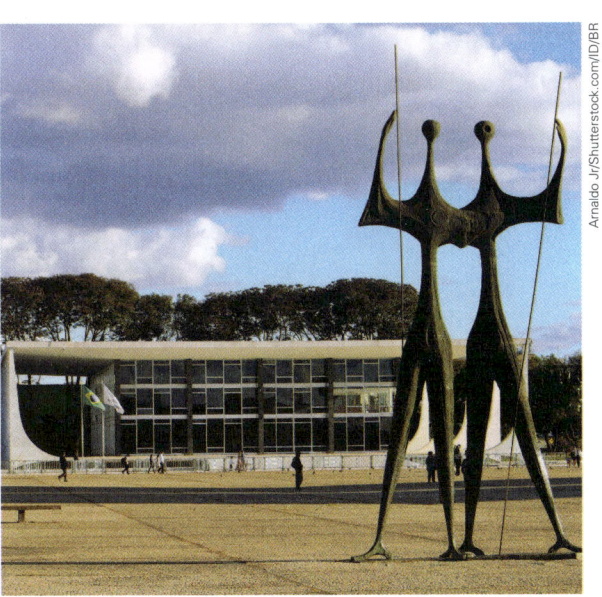

Bruno Giorgi. *Os guerreiros*, 1959. Escultura. A obra, popularmente conhecida como *Os candangos*, está localizada na praça dos Três Poderes, em Brasília, Distrito Federal. Foto de 2015.

1 **Explique, com suas palavras, o que é uma cidade planejada.**

Aprender sempre

1 Destaque os cartões da página 137 e cole-os de acordo com a capital à qual se referem.

| Salvador | Rio de Janeiro | Brasília |

2 Observe as fotos, leia as legendas e responda às questões.

Prédios no bairro Alfama, em Lisboa, Portugal. Foto de 2015.

Prédios no bairro Pelourinho, no centro histórico de Salvador, Bahia. Foto de 2015.

a. Que lugar a foto **A** mostra? E a foto **B**?

b. Os prédios que aparecem nas fotos apresentam algumas semelhanças. Identifique-as.

c. Considerando o que foi estudado neste capítulo, por que existem essas semelhanças?

34 trinta e quatro

3 Leia o texto abaixo e responda às questões.

> Demetrius trabalhava pelo menos 10 horas por dia; Geraldo, umas 15; Claudionor, de 18 a 20. A carga horária assusta, mas para quem trabalhou na construção de Brasília, essa era a regra. [...]
>
> Os trabalhadores saíam de suas cidades com uma mala e pouquíssimo dinheiro. Os alojamentos tinham pouca infraestrutura [...]. Isso era amortecido pela esperança que os operários tinham de criar uma nova capital onde houvesse justiça e igualdade. [...]

Vivi Fernandes de Lima e Adriano Belisário. Pioneiros da capital. *Revista de História da Biblioteca Nacional*, 27 jan. 2011. Disponível em: <http://www.rhbn.com.br/secao/artigos-revista/pioneiros-da-capital>. Acesso em: 11 nov. 2016.

- O texto aborda a condição de vida dos trabalhadores que construíram Brasília. Você acha que essas condições eram adequadas para se trabalhar? Explique.

4 Forme grupo com três colegas. Escolham uma das três capitais do Brasil para montar um cartaz sobre ela.

- Anotem o nome da capital escolhida. _____

- Com a orientação do professor, providenciem uma cartolina para ser a base do cartaz. Vocês também vão precisar de cola, tesoura de pontas arredondadas, canetas e lápis de cor.

- Pesquisem em livros, jornais e revistas, impressos ou digitais, imagens do passado e do presente da capital escolhida. Selecionem as imagens que serão coladas no cartaz.

- Escrevam o nome da capital no topo da cartolina.

- Colem as imagens escolhidas no cartaz e lembrem-se de anotar as fontes de onde elas foram retiradas e as datas. Por exemplo: *Jornal do Povo*, 1952.

- Por fim, afixem os cartazes na sala de aula.

CAPÍTULO 4

Município: campo e cidade

Cidade ou município? Muitas vezes, a palavra cidade é usada como sinônimo de município, mas essas palavras não têm o mesmo significado.

O município compreende tanto a área urbana, que é a cidade, quanto a área rural, que é o campo. Observe estas imagens.

A

Jerci Maccari. *Seleção da uva para o vinho II*, 2006. Óleo sobre tela.

B

Cristiano Sidoti. *Fronteiras do Bixiga*, 2011. Óleo sobre tela.

▶ Qual imagem representa uma paisagem rural? E qual representa uma paisagem urbana? Como você descobriu isso?

▶ Em sua opinião, quais são as vantagens de morar na área urbana de um município? E na área rural?

Os municípios do Brasil

Em 2016, de acordo com o Instituto Brasileiro de Geografia e Estatística (IBGE), havia 5 570 municípios brasileiros. A população brasileira está distribuída nesses municípios. O tamanho da área urbana e o tamanho da área rural variam de acordo com o município. A quantidade de habitantes em cada área também.

A tabela a seguir apresenta a quantidade de habitantes das áreas rurais e das áreas urbanas de três municípios do estado de Sergipe.

Município de Sergipe	População urbana	População rural
Cristinápolis	8 336	8 183
Laranjeiras	21 258	5 645
Pacatuba	2 688	10 449

Fonte de pesquisa: *Censo demográfico 2010*. Rio de Janeiro: IBGE, 2013.

1 De acordo com os dados da tabela, em qual dos municípios:

a. A população urbana é maior do que a população rural?

_____

b. A população rural é maior do que a população urbana?

_____

c. A população urbana e a população rural são formadas por quantidades parecidas de habitantes?

_____

2 No município onde você mora:

a. Há mais habitantes no campo ou na cidade?

b. Você e sua família moram na área urbana ou na área rural?

> **Cidades@ – IBGE**
> Disponível em: <http://cidades.ibge.gov.br/>. Acesso em: 29 maio 2017.
> Nesse *site* do IBGE, você encontra informações específicas sobre todos os municípios do Brasil, inclusive dados sobre as populações urbana e rural de cada município.

A cidade

Atualmente, a maior parte da população brasileira vive nas cidades.

Mas nem sempre foi assim. A partir da década de 1960, houve um aumento na quantidade de indústrias nas cidades do Brasil. Isso atraiu a população rural que buscava melhores condições de vida.

Conforme a população urbana aumentava, crescia também a quantidade de moradias e de serviços oferecidos. Esse processo resultou nas características das cidades que conhecemos hoje.

Geralmente, nas cidades há mais construções do que no campo e elas ficam mais próximas umas das outras. Há também mais ruas e avenidas, comércios, indústrias, etc.

3 A cena acima mostra parte de uma cidade.

   a. Quais estabelecimentos aparecem na imagem?

   _____

   b. Que outros elementos você acrescentaria a essa cena?

   c. No município onde você mora, há estabelecimentos como esses ou de outros tipos? Quais? Eles estão próximos ou distantes de sua casa?

O centro do poder

Além de concentrar as atividades industriais e comerciais, as cidades também abrigam os órgãos responsáveis pelo governo de cada município. A seguir, conheça os dois principais órgãos políticos de um município.

- **Prefeitura**: responsável pela administração do município. Nela trabalham o prefeito, o vice-prefeito, os secretários, entre outros. O prefeito é eleito pelos moradores do município e nomeia os secretários. Cada secretário cuida de um setor específico, como educação, moradia, saúde, segurança, cultura, transportes, etc.

Prefeitura de Blumenau, Santa Catarina. Foto de 2014.

- **Câmara Municipal**: órgão responsável pela elaboração das leis do município, fiscalização do governo do prefeito e aprovação dos projetos da prefeitura. Nela trabalham os vereadores, que também são eleitos pelos moradores.

Câmara Municipal de Cuiabá, Mato Grosso. Foto de 2014.

4 Com a orientação do professor, pesquise o endereço da Prefeitura e o endereço da Câmara do município onde você mora. Anote-os no caderno.

5 Em sua opinião, por que esses órgãos são importantes para o município?

O campo

No campo, as propriedades tendem a ser maiores do que nas cidades. É comum que as famílias morem em sítios, chácaras e fazendas.

As atividades cotidianas também são um pouco diferentes daquelas feitas nas cidades. O relato a seguir conta um pouco desse dia a dia.

> Nasci e me criei aqui no sítio mesmo. A minha infância era muito boa [...]. Brincava tudo em volta de casa. [...] Casa grande, que morava meu pai, minha mãe, meu tio, minha tia, meu vô, minha avó, moravam tudo junto ali. [...] Sempre gostava, mesmo, era de um carrinhozinho, um carrinho de plástico, aí ia empurrando no terreiro, fazendo rastrinho na poeira. [...] O [...] meu vô ia pra cidade fazer um negócio, vendia um queijinho, vendia verdura, e ia de carrocinha [...]. [...] Na época, tinha umas vaquinhas, tirava um leitinho [...].
>
> Eu vinha da escola, fazia a lição, aí, eu fazia uma coisinha, regava uma hortinha [...].

Relato de Augusto Blaschi Neto. Museu da Pessoa, em 1º nov. 2014. Disponível em: <http://www.museudapessoa.net/pt/conteudo/historia/nascido-e-criado-no-sitio-96020/colecao/96545>. Acesso em: 13 jan. 2017.

6 Após ler o relato de Augusto Blaschi Neto, responda: Ele está contando memórias de qual fase da vida dele? Marque com um **X**.

☐ infância   ☐ adolescência   ☐ fase adulta   ☐ velhice

7 Sublinhe, no texto, as seguintes informações, de acordo com as cores abaixo.

- 🟧 Tipo de propriedade onde Augusto morava.
- 🟩 Brinquedo favorito.
- 🟨 Trabalhos realizados por adultos.
- 🟥 Atividades realizadas por Augusto.

Produzindo alimentos

As atividades desenvolvidas no campo sempre foram muito importantes para a economia do Brasil. Durante séculos, a economia do nosso país dependeu das lavouras da cana-de-açúcar e, depois, do café.

Muitos alimentos que consumimos atualmente vêm do trabalho no campo. Veja alguns deles:

- verduras, legumes e frutas.
- grãos e cereais.

Nas hortas, pomares e roças, há a plantação de diversos vegetais. Acima, plantação de hortaliças, em Paulo Lopes, Santa Catarina. Foto de 2016.

Os grãos e cereais, como arroz, trigo, ervilha, etc., também são plantados nas roças. Acima, pé de feijão em Uarini, Amazonas. Foto de 2015.

- leite e seus derivados.
- carnes.

Queijos, iogurtes e manteigas são exemplos de alimentos derivados do leite. Acima, ordenha mecanizada de vacas, em Chã Preta, Alagoas. Foto de 2015.

A carne consumida durante as refeições tem sua origem na criação de animais para o abate. Acima, criação de suínos, em Carambeí, Paraná. Foto de 2015.

8 Você sabe a origem dos alimentos que você e sua família consomem? Vocês costumam cultivar os alimentos ou compram em estabelecimentos ou de agricultores? Você acha importante saber a origem dos alimentos? Explique.

A organização do município

O município é o primeiro nível da administração pública do Brasil. Cada município faz parte de um dos 26 estados que formam nosso país, com exceção do Distrito Federal.

Tanto a área urbana quanto a área rural devem ser atendidas pelo governo municipal. Para auxiliar na localização e na administração desses espaços, geralmente os municípios são organizados em bairros.

Em municípios muito grandes, os bairros são agrupados em unidades administrativas, como subprefeituras e distritos. O mapa ao lado mostra um município onde os bairros foram agrupados em regionais administrativas.

Curitiba, Paraná: Divisão administrativa — 2015

João Miguel A. Moreira/ID/BR

Legenda
— Limites municipais
— Limites de regionais administrativas
— Limites de bairro

0   4,5 km

Fonte de pesquisa: Instituto de Pesquisa e Planejamento Urbano de Curitiba (Ippuc). Disponível em: <http://www.ippuc.org.br/mostrarpagina.php?pagina=353&idioma=1&ampliar=n%E3o>. Acesso em: 16 jan. 2017.

1 Qual município está representado no mapa?

2 Em quantas regionais administrativas esse município está dividido?

3 O município onde você mora é organizado em bairros? Os bairros são agrupados em outras unidades administrativas? Em caso afirmativo, anote o nome do bairro onde você mora e o da unidade administrativa a qual ele pertence.

Registros

Tabela

Como você viu na página 37, a tabela é uma forma de organizar informações sobre determinado assunto.

Ela pode ajudar a compreender, por exemplo, a organização dos municípios no Brasil durante um período.

A partir de 1900, muitos distritos, que faziam parte dos municípios, começaram a se tornar **autônomos** e se **emanciparam** com o passar do tempo, dando origem a novos municípios.

Observe a tabela ao lado.

Autônomo: no texto, independente do governo municipal.
Emancipar: no texto, quando o distrito se torna um novo município.

Fontes de pesquisa: *Evolução da divisão territorial do Brasil 1872-2010*. Rio de Janeiro: IBGE, 2011; IBGE atualiza mapa político do Brasil com novos municípios. Portal Federativo, 22 dez. 2014. Disponível em: <http://www.portalfederativo.gov.br/noticias/destaques/ibge-atualiza-mapa-politico-do-brasil-com-novos-municipios>. Acesso em: 16 jan. 2017.

Brasil: Municípios —1900 a 2016	
Ano	Número de municípios
1900	1 121
1920	1 304
1933	1 363
1940	1 574
1950	1 890
1960	2 766
1970	3 953
1980	3 991
1991	4 491
2000	5 507
2010	5 565
2016	5 570

1 Circulem de **vermelho** a referência dos documentos dos quais os dados foram retirados para montar a tabela.

2 De 1900 a 2016, quantos novos municípios foram fundados?

_____
_____
_____

3 Em que ano o município onde você mora foi criado? Pesquise essa informação em publicações impressas ou digitais e anote abaixo. Se o ano estiver indicado na tabela acima, contorne-o de **laranja** e responda: Quantos municípios foram criados nesse mesmo ano?

_____

Aprender sempre

1 Como é a área rural do município onde você vive? E a área urbana? Com a orientação do professor, em uma folha avulsa, faça dois desenhos representando as duas áreas.

2 Vocês sabem quem são o prefeito e o vice-prefeito de seu município? E os vereadores? E os secretários? Para descobrir, sigam as etapas.

- Copiem os quadros abaixo no caderno.

Prefeitura	
Prefeito	
Vice-prefeito	
Secretários	Nome da secretaria

Câmara Municipal
Vereadores

- Pesquisem, nos *sites* da Prefeitura e da Câmara Municipal, as informações para preencher os quadros. Também é possível encontrar esses dados em publicações do governo, como o Diário Oficial.

- Ao preencher as informações sobre os secretários, anotem também os nomes das secretarias pelas quais eles são responsáveis.

- Preencham o quadro "Câmara Municipal" com os nomes dos vereadores. Se for necessário, aumentem ou diminuam o número de linhas dos quadros.

- Compartilhem os resultados da pesquisa com os colegas.

3 O texto a seguir aborda a criação do município de Brejetuba, Espírito Santo. Leia-o e observe a imagem.

> Com a criação do município de Afonso Cláudio em 20 de novembro de 1890, a vila ainda chamada de Brejaúba passou a integrar o município recém-criado. [...]
>
> Pela lei estadual n. 1739, de 11 de janeiro de 1930, é criado o distrito de Brejaúba [...]. Em 31 de dezembro de 1943 [...], o distrito de Brejaúba passou a se chamar Brejetuba. [...]
>
> Com a expansão da lavoura cafeeira [...], a pequena vila se desenvolveu, tornando-se um dos principais produtores de café do Estado, [e] o distrito de Brejetuba inicia a luta pela sua emancipação.
>
> [...] em 15 de dezembro de 1995, Brejetuba se desmembrou do município de Afonso Cláudio, juntamente com o distrito de São Jorge [...], nasceu assim a cidade de Brejetuba. [...]

Vista do município de Brejetuba, Espírito Santo. Foto de 2016.

História. Prefeitura Municipal de Brejetuba. Disponível em: <http://www.brejetuba.es.gov.br/historia.asp?id=3>. Acesso em: 16 jan. 2017.

a. Complete a linha do tempo com informações sobre a história de Brejetuba.

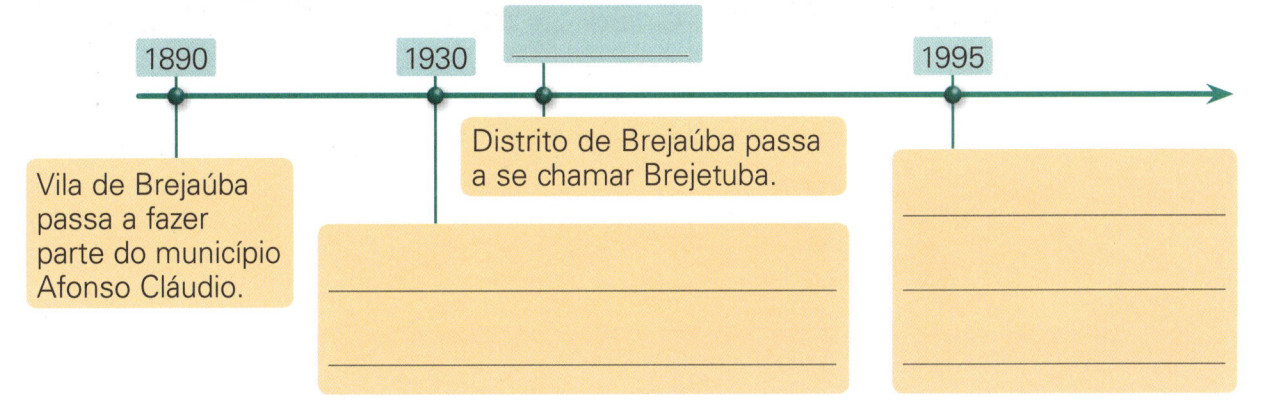

1890 — Vila de Brejaúba passa a fazer parte do município Afonso Cláudio.

1930 — _____

_____ — Distrito de Brejaúba passa a se chamar Brejetuba.

1995 — _____

b. Que atividade econômica proporcionou o crescimento da vila que deu origem à Brejetuba? Essa atividade é urbana ou rural?

c. Observe a foto. Aparentemente, há mais elementos rurais ou urbanos?

CAPÍTULO 5

O desenvolvimento das cidades

Hoje, as áreas urbanas dos municípios brasileiros são bem diferentes das primeiras vilas fundadas quando o Brasil ainda era colônia de Portugal. Observe a foto e leia a legenda.

Vista aérea de Macapá, Amapá. Na parte inferior da foto, é possível identificar a fortaleza de São José do Macapá. Inaugurada em 1782, ela foi construída pelos portugueses para defender de invasores os territórios às margens do rio Amazonas (à direita). Foto de 2016.

▶ A fortaleza de São José do Macapá é um vestígio do passado ou do presente do município? Por quê?

▶ Destaque as peças da página 139 e monte uma miniatura inspirada nessa fortaleza. Levante hipóteses de como ela era usada no passado e por que ela foi construída nesse local.

▶ Observe novamente a foto. Em Macapá moram poucas ou muitas pessoas? Em sua opinião, quais são os pontos positivos e os pontos negativos de morar em uma cidade populosa?

As cidades e o comércio

Hoje, nas cidades, há inúmeros estabelecimentos comerciais: livrarias, papelarias, açougues, padarias, farmácias, supermercados. Há, ainda, os estabelecimentos que prestam serviços variados, como bancos, hospitais, cinemas. Entre os trabalhadores, há vendedores, pedreiros, farmacêuticos, enfermeiros, médicos, cabeleireiros, entre outros.

E no passado? Você sabe como eram o comércio e os serviços nas primeiras cidades brasileiras?

Johann Moritz Rugendas. *Venda em Recife*, 1830. Gravura.

1 Observe a imagem e responda às questões.

a. Quem é o autor da gravura? Quando ela foi feita?

_____

b. O que as pessoas retratadas estão fazendo?

_____

_____

_____

c. Quais trabalhadores podem ser identificados na imagem?

_____

_____

2 Agora, imagine que você está visitando o local retratado por Rugendas, na mesma época em que ele fez essa gravura. Com quais pessoas da imagem você falaria? O que você estaria fazendo? Por quê?

Como se vendia e se comprava

Nas primeiras cidades do Brasil, o comércio era feito sobretudo por vendedores ambulantes. Eles vendiam lenha, carvão, leite, pão, aves, vassouras e muitos outros produtos.

Boa parte desses vendedores eram os escravos de ganho, que vendiam as mercadorias, mas precisavam pagar uma parte dos rendimentos para seus senhores.

Com o crescimento das cidades, houve aumento do número de estabelecimentos comerciais, como empórios, lojas de roupas e de calçados, quitandas, padarias, peixarias, farmácias, entre outros.

A Joaquim Lopes Barros. *Preto vendendo hortaliças*, 1840. Gravura.

B Marc Ferrez. *Verdureiro*, 1895. Foto de 1895.

C Vendedor ambulante em Macapá, Amapá. Foto de 2014.

3 Observe as imagens acima e responda às questões no caderno.

   a. Qual é a imagem mais antiga? Quando ela foi feita?

   b. Compare a imagem mais antiga com as imagens mais recentes. Depois, anote as semelhanças e as diferenças que podem ser percebidas entre elas.

4 Você conhece vendedores ambulantes? Você e sua família costumam comprar produtos desses vendedores? Em caso afirmativo, o que vocês compram? Onde vocês costumam encontrá-los?

As cidades e as indústrias

Há pouco mais de cem anos, houve um grande desenvolvimento das cidades, principalmente do Rio de Janeiro e de São Paulo. Isso aconteceu porque os fazendeiros investiam nessas cidades o dinheiro que ganhavam principalmente com a produção e a venda do café.

Boa parte desses investimentos foi aplicada na instalação de indústrias nas cidades. Essas indústrias fabricavam principalmente tecidos, roupas, calçados e alimentos (farinha, macarrão, doces, queijos, entre outros).

À medida que as fábricas eram instaladas, crescia o número de trabalhadores que iam do campo para a cidade em busca de emprego.

Trabalhadores na Fábrica Santana da Companhia Nacional de Tecidos de Juta, no município de São Paulo. Foto de 1931.

1 Responda às questões a seguir.

a. Quais produtos eram fabricados nas primeiras indústrias instaladas no Brasil?

b. Na foto acima, qual tipo de fábrica está representado?

c. Quem eram os trabalhadores dessa fábrica?

Quem trabalhava nas indústrias?

Além dos trabalhadores do campo, muitos imigrantes dirigiram-se para as cidades. Eram pessoas de outros países, que vinham em busca de emprego e de uma vida melhor.

O relato a seguir apresenta a história de um imigrante.

> Eu me chamo Consolato Laganá, nasci num lugarejo pequeno [...] em 23 de fevereiro de 1904. Era na Decollatura, província de Catanzaro, Itália. [...]
>
> Cheguei aqui no Brasil em 22 de fevereiro de 1922. [...]
>
> [...] quando chegamos a uma fazenda que chama Nova Louzó, [...] veio o senhor com o cavalo e foi mostrando o que nós tínhamos que fazer. Deram uma enxada para cada um, pegamos o café, começamos a trabalhar. Ficamos lá quatro meses. [...]
>
> Meu pai achou que não gostava da fazenda. [...]. Viemos a São Paulo. [...] Arranjei emprego numa fábrica de tecidos do Matarazzo, Indústrias Reunidas Francisco Matarazzo.

Propaganda do grupo Indústrias Reunidas Francisco Matarazzo (IRFM), publicada na década de 1910.

Relato de Consolato Laganá Filho. Museu da Pessoa, 7 jul. 2005. Disponível em: <http://www.museudapessoa.net/pt/conteudo/historia/inovacao-em-calcados-43676/colecao/117488>. Acesso em: 15 set. 2017.

2 Anote no caderno as seguintes informações sobre o relato: nome do imigrante; local onde ele nasceu; data em que chegou ao Brasil; primeiro lugar onde trabalhou no Brasil; produto que cultivava quando morava no campo; lugar onde trabalhou quando chegou à cidade; produto feito na fábrica onde trabalhou.

3 De acordo com a propaganda do grupo IRFM, essas indústrias produziam apenas tecidos? Como você descobriu isso?

Moradias urbanas

Com a instalação das primeiras indústrias, muitas pessoas foram morar nas cidades. A falta de moradia, então, tornou-se um problema.

Os valores para comprar ou para alugar **imóveis** subiram bastante, e a maior parte da população era de trabalhadores que não possuíam muitos recursos financeiros. Aos poucos, surgiram nas cidades diferentes tipos de moradia popular, como vilas operárias e cortiços.

Imóvel: casa, edifício, prédio e terreno.

A Vila Maria Zélia, no município de São Paulo, foi construída para receber as famílias dos operários de uma tecelagem. Cada casa abrigava uma família. Foto de cerca de 1910.

Os cortiços são habitações improvisadas onde moram várias famílias. Geralmente, elas ocupam prédios abandonados. Na foto, cortiço no município do Rio de Janeiro, em 1906.

4 Observe as fotos e complete o quadro abaixo.

	Foto A	Foto B
O que mostra e qual é a data		
Onde é		
Como é		

5 No município onde você vive, há moradias que foram construídas para receber os trabalhadores e as famílias deles? Explique.

Os meios de transporte urbanos

Hoje, ônibus, automóveis, motocicletas e bicicletas circulam pelas ruas de muitas cidades. Mas será que sempre foi assim?

Nos dias atuais, carroças, charretes e cavalos são mais facilmente encontrados nas áreas rurais. Porém, há cerca de cem anos, esses meios de transporte eram muito comuns nas cidades.

A invenção de veículos motorizados fez com que, aos poucos, os bondes elétricos e os automóveis passassem a fazer parte do dia a dia dos moradores da cidade. Com o crescimento urbano, as pessoas foram morar mais longe do trabalho, necessitando mais dos meios de transporte.

Charretes utilizadas no Brasil há cerca de cento e cinquenta anos. Foto de 2014.

1 Leia o texto abaixo e responda às questões a seguir.

Naqueles tempos, a vida em São Paulo era tranquila. Poderia ser ainda mais, não fosse a invasão cada vez maior dos automóveis importados, circulando pelas ruas da cidade. [...] Estridentes fonfons de buzinas [...] abriam passagem para alguns [...] motoristas que [...] infringiam as regras de trânsito, muitas vezes chegando ao abuso de alcançar mais de 20 quilômetros à hora, velocidade permitida somente nas estradas.

Região central do município de São Paulo. Foto de cerca de 1930.

Zélia Gattai. *Anarquistas, graças a Deus*. Rio de Janeiro: Record, 1997. p. 23.

a. O texto cita uma regra de trânsito de 1920. Que regra é essa?

b. Quais regras de trânsito atuais você conhece? Em sua opinião, é importante respeitar as regras de trânsito? Por quê?

Transporte coletivo: passado e presente

Atualmente, muitas pessoas utilizam meios de transporte coletivo: ônibus, metrô, trem, van de **lotação**. E como eram os meios de transporte coletivo antigamente?

> **Lotação:** meio de transporte parecido com ônibus, mas com capacidade menor de passageiros.

No Brasil, os transportes coletivos começaram a ser oferecidos há mais de cem anos. No início, eram bondes puxados por animais. Em 1892, foi inaugurada a primeira linha de bondes elétricos, na cidade do Rio de Janeiro.

A partir de 1950, em muitas cidades, os bondes começaram a ser substituídos por ônibus. Em 1974, na cidade de São Paulo, foi inaugurado o primeiro metrô no Brasil. O metrô muitas vezes é subterrâneo. Ele anda sobre trilhos e é movido a eletricidade.

Bonde puxado por burros em Salvador, Bahia. Foto de cerca de 1900.

Inauguração da primeira linha de bonde elétrico em São Paulo. Foto de 1900.

Passageiros embarcam em ônibus em Teresina, Piauí. Foto de 2015.

Estação do metrô no município de São Paulo. Foto de 2014.

2 Preencha a linha do tempo do transporte coletivo no Brasil.

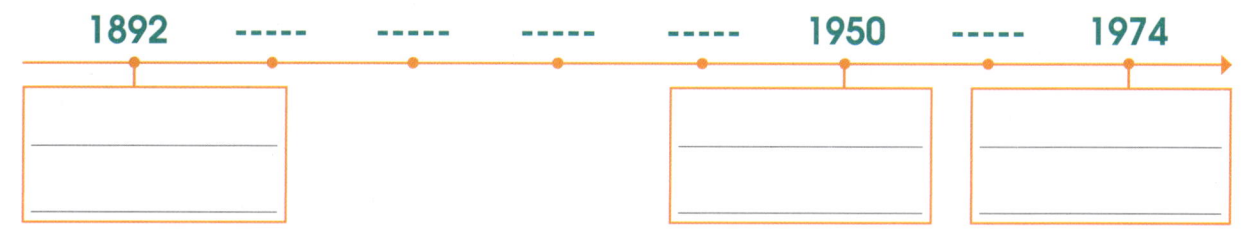

1892 ----- ----- ----- ----- 1950 ----- 1974

Vamos ler imagens!

Fotos de bondes elétricos

Como você já percebeu, as fotos antigas são registros importantes do passado.

Elas podem nos ajudar, por exemplo, a conhecer melhor os meios de transporte coletivo do Brasil, quem os utilizava e quais profissionais trabalhavam neles. Observe as fotos a seguir.

Bonde elétrico em Natal, Rio Grande do Norte. Foto de 1942.

Bondes elétricos no município de São Paulo que ligavam os bairros Bom Retiro e Paraíso. No bonde à direita, vemos a parte traseira do veículo. Foto de 1910.

Agora é a sua vez

1. Respondam às questões.

    a. Quando as fotos foram tiradas?

    _____

    b. Quais são os locais das fotos?

    _____

    _____

2. A posição das pessoas nas imagens também nos ajuda a compreender a época em que foram retratadas. Nas fotos, foram destacados dois profissionais que trabalhavam nos bondes elétricos: o motorneiro (**M**) e o condutor (**C**). Utilizando as letras **M** e **C**, associem corretamente as características abaixo a cada profissional.

    ☐ Responsável por acionar o motor que movimentava o bonde.

    ☐ Responsável por cobrar os bilhetes dos passageiros e soar o apito que indicava a partida do bonde.

    ☐ Ficava na parte da frente do bonde para identificar mais facilmente os momentos de ligar e desligar o motor. Por exemplo, ao avistar um ponto de embarque e desembarque, já começava a diminuir a velocidade.

    ☐ Durante as viagens, ficava na parte de trás do bonde para observar os passageiros que subiam e desciam e marcar os bilhetes que indicavam a compra da viagem.

    ☐ Era chamado, equivocadamente, de trocador ou cobrador. Porém, ele não vendia passagens, apenas marcava, com um pequeno furo, os bilhetes previamente comprados pelos passageiros.

    ☐ Era chamado, equivocadamente, de motorista, por ficar na parte da frente do bonde. Porém, ele não conduzia o bonde como os motoristas conduzem os automóveis atuais. O caminho dos bondes já era definido pelos trilhos.

Aprender sempre

1 Observe a foto, leia a legenda e responda às questões.

Padaria em Juiz de Fora, Minas Gerais, de propriedade de um imigrante italiano. Foto de 1930.

a. Que estabelecimento comercial é retratado nessa foto? O que se vende nele?

_____

_____

b. A foto retrata o presente ou o passado? Justifique com elementos da imagem.

_____

_____

_____

c. No município onde você vive, há estabelecimentos como esse? Que tipo de produtos esses estabelecimentos vendem? Eles são parecidos com o da foto? Você já foi a um lugar como esse?

2 Leia o texto abaixo e observe a imagem a seguir.

Parece inacreditável a constatação de que os problemas que existiam nos cortiços no início do **século 20** [...] sejam os mesmos dos dias de hoje. Dentre eles, destacam-se a grande concentração de pessoas em pequenos espaços; um único cômodo como moradia; ambientes com falta de ventilação e iluminação; uso de banheiros coletivos; instalações de esgotos danificadas; falta de privacidade [...].

Século 20: período entre os anos 1901 e 2000.

Cortiço no município de São Paulo. Foto de 2017.

Luiz Kohara. Cortiços: o mercado habitacional de exploração da pobreza. *Carta Maior*, 5 set. 2012. Disponível em: <http://cartamaior.com.br/?/Editoria/Direitos-Humanos/Corticos-o-mercado-habitacional-de-exploracao-da-pobreza/5/25899>. Acesso em: 15 set. 2017.

a. De acordo com o texto, os cortiços são moradias que só existiam no passado? Sublinhe de **verde** o trecho do texto que justifica a sua resposta.

b. Sublinhe de **azul** o trecho do texto sobre os problemas enfrentados pelos moradores de um cortiço.

c. A foto mostra que o autor do texto está correto. Por quê?

d. Em sua opinião, por que ainda hoje muitas pessoas precisam morar em locais como os cortiços?

3 Você conhece alguém que trabalha em uma indústria? Em caso afirmativo, converse com essa pessoa para saber como é o trabalho que ela realiza. Depois, conte para os colegas quem é ela e como é o trabalho dela.

CAPÍTULO 6

O município é de todos

De quem é o município? É de todos os cidadãos!

No Brasil, os cidadãos são membros da sociedade que podem votar, têm acesso a direitos e também deveres a cumprir. Isso é chamado **cidadania**.

O texto a seguir é sobre isso.

Cidadania é...
O cidadão
não nasce grandão!
Cada um de nós
Em pequenos gestos
Do dia a dia
Pode semear
A cidadania [...]

Cidadania é quando...
... Eu colaboro
Faço minha parte
Faço com gosto [...]
Sozinho, sou pouco
Junto com os outros
Eu sou mais forte
Sou mais feliz!

Nílson José Machado. *Cidadania é quando...* São Paulo: Escrituras, 2001. s. p. (Coleção Escritinha).

▶ "Cada um de nós [...] pode semear a cidadania." Em sua opinião, o que isso quer dizer?

▶ Você concorda com essas frases: "Sozinho, sou pouco/ Junto com os outros/ Eu sou mais forte"? Explique.

▶ Em sua opinião, o que é cidadania?

Direitos e deveres

Assim como há regras para a convivência em família, isto é, em nossa vida particular, há **leis** para a convivência dos cidadãos, ou seja, em nossa vida pública.

É por meio das leis que o país estabelece os principais **deveres** e **direitos** de cada um. Essas leis estão reunidas na **Constituição** do país.

No Brasil, a mobilização dos cidadãos, ao longo do tempo, garantiu a todos importantes direitos, como educação, atendimento médico, entre outros.

Também cumprimos deveres em nossos dia a dia, como respeitar as leis, cuidar do patrimônio histórico-cultural do país e conviver pacificamente com as diferenças.

A Constituição de 1988 ficou conhecida como Constituição Cidadã por reconhecer vários direitos dos cidadãos brasileiros.

1 Leia a seguir algumas frases sobre os direitos e deveres de todo cidadão. Depois, pinte de **verde** os quadrinhos que indicam os direitos dos cidadãos e de **azul** os que indicam os deveres.

☐ Todo cidadão deve respeitar as leis de seu país.

☐ Todo cidadão tem direito à saúde pública.

☐ Todo cidadão é responsável pela preservação do patrimônio histórico-cultural de seu país.

☐ Toda criança deve ter acesso a ensino público e de qualidade.

☐ Todo cidadão tem direito à moradia.

2 Em sua opinião, todos os cidadãos têm seus direitos respeitados? E eles sempre cumprem seus deveres?

Problemas nos centros urbanos

A partir dos anos 1950, o crescimento de algumas áreas urbanas do Brasil se intensificou. Muitas pessoas saíram da área rural e das cidades pequenas em busca de melhores condições de vida nas grandes cidades.

Os centros urbanos não tinham estrutura suficiente para atender a todos, e muitos problemas sociais, que existiam antes da chegada dos novos grupos, se agravaram e estão presentes até hoje.

Núcleo Bandeirante, local de moradia dos trabalhadores que construíram Brasília, Distrito Federal, por volta de 1958.

Trabalhadores do município de São Paulo em transporte público, por volta de 1950.

1 O texto a seguir pertence à atual Constituição brasileira. Sublinhe os direitos assegurados a todos os cidadãos brasileiros nesse trecho.

> Art. 6º – São direitos sociais a educação, a saúde, a alimentação, o trabalho, a moradia, o transporte, o lazer, a segurança, a previdência social, a proteção à maternidade e à infância, a assistência aos desamparados [...].

Constituição da República Federativa do Brasil de 1988. Disponível em: <http://www.planalto.gov.br/ccivil_03/constituicao/Emendas/Emc/emc90.htm>. Acesso em: 15 set. 2017.

2 Observe as fotos acima, leia as legendas e responda às questões.

a. Quais problemas são apresentados nas fotos?

b. No município onde você mora, há, atualmente, problemas parecidos com os retratados nas imagens? De acordo com a lei atual, esses problemas poderiam existir?

A questão da moradia

Nos centros urbanos, os valores dos aluguéis e da compra de imóveis costumam ser altos. Quanto mais pessoas buscam essas áreas, mais caras ficam as moradias.

O resultado disso é a ocupação de espaços que não foram projetados para moradia. Muitas famílias ocupam áreas de risco e constroem as moradias em terrenos impróprios, como margens de rios e barrancos.

Nos períodos de chuvas, aumentam os riscos de desabamentos das moradias construídas em barrancos. Acima, desabamento em Natal, Rio Grande do Norte. Foto de 2014.

Há pessoas que ocupam lugares distantes do centro e empobrecidos, como algumas **periferias**. E também existem pessoas que acabam morando nas ruas.

Moradores em situação de rua no município de São Paulo. Foto de 2016.

3 Leia o relato a seguir.

> Meu nome é Soraia. Tenho 37, quase 40 anos. Eu trabalhava como doméstica e morava com essa família. A gente fica tanto tempo cuidando da casa de uma pessoa que sente falta de ter a nossa. Um dia resolvi sair pra poder ter a minha vida. Não fazia ideia de que ia ficar na rua esse tempo todo. Estou há mais de um ano. [...].

Rio Invisível conta histórias dos moradores de rua do Rio de Janeiro. RioOnWatch – relatos das favelas cariocas, 22 dez. 2014. Disponível em: <http://rioonwatch.org.br/?p=13132>. Acesso em: 15 set. 2017.

a. Com base no que você estudou, qual é o problema apresentado no texto?

b. Em sua opinião, quais são os motivos que levam uma pessoa a morar nas ruas?

O transporte público

Muitas pessoas se deslocam diariamente nas grandes cidades por vários motivos. Por exemplo, para trabalhar, estudar, se divertir. Para isso, é comum que elas utilizem o transporte público.

Porém, nem sempre esse deslocamento ocorre de modo eficiente. Isso acontece porque, muitas vezes, não há **infraestrutura** de transporte disponível para todos.

Infraestrutura: estrutura física e econômica necessária para o funcionamento de uma organização. Veículos coletivos (como ônibus e trens) em boas condições e em quantidade adequada à população e rotas que atendam a todos os moradores são itens que fazem parte da infraestrutura de transporte público eficiente.

Passageiros aguardam a chegada do trem em plataforma lotada no município de São Paulo. Foto de 2015.

Nas periferias, muitas vias não são asfaltadas, e os meios de transporte públicos não atendem plenamente a essas áreas.

Isso causa a superlotação dos veículos e maior tempo de espera por eles. Além desses problemas, há aumentos periódicos no valor das passagens, e muitas pessoas não podem pagar por elas.

Fila em terminal de ônibus de Porto Alegre, Rio Grande do Sul. Foto de 2015.

4 Quanto tempo você leva de sua casa até a escola?

5 Você utiliza algum meio de transporte para ir à escola e depois voltar para casa? Em caso afirmativo, qual? Como costuma ser essa experiência?

Pensando em soluções

Você estudou dois problemas enfrentados pelos cidadãos brasileiros nos grandes centros urbanos: um relacionado à moradia e outro, ao transporte público. Além desses problemas, há muitos outros, como o da falta de segurança e de áreas de lazer.

Mas o que é possível fazer para transformar essas realidades?

O principal responsável pela garantia dos direitos dos cidadãos é o governo. Por isso, é necessário que seus representantes criem estratégias para que esses problemas sejam resolvidos.

Veja alguns exemplos.

Em Feira de Santana, Bahia, uma das medidas tomadas para solucionar o problema de falta de moradia foi a adoção de programas habitacionais do governo federal. Por meio deles, são construídas moradias mais baratas e com pagamento facilitado para famílias de baixa renda.
Foto de 2016.

No município do Rio de Janeiro, uma das formas de resolver o problema dos congestionamentos e melhorar os deslocamentos foi a criação de ciclovias. Por elas, as pessoas podem andar de bicicleta com segurança em alguns bairros do município. Foto de 2015.

No Recife, Pernambuco, uma das soluções para melhorar a oferta de transporte coletivo foi a criação de corredores de ônibus. Os corredores são delimitados por faixas nas ruas e avenidas, por onde somente os ônibus podem transitar. Assim, o transporte coletivo fica mais ágil e pode atender mais pessoas.
Foto de 2016.

1 No município onde você mora, há alguma ação como as que estão retratadas nas fotos desta página? Em sua opinião, elas são importantes? Por quê?

A participação dos cidadãos

Os cidadãos também podem organizar-se para tentar resolver os problemas do município e para reivindicar soluções por parte do governo.

Isso pode ser feito, por exemplo, por meio das **organizações não governamentais** (ONGs).

Essas organizações não têm fins lucrativos e atuam em causas como a defesa dos direitos humanos, a preservação da natureza e o acesso a educação, saúde e moradia.

Outra forma de atuação é a criação das **associações de moradores**.

Elas podem ser organizadas por moradores de uma rua, de um bairro e até de um município e permitem ações coletivas para trazer melhorias para a comunidade.

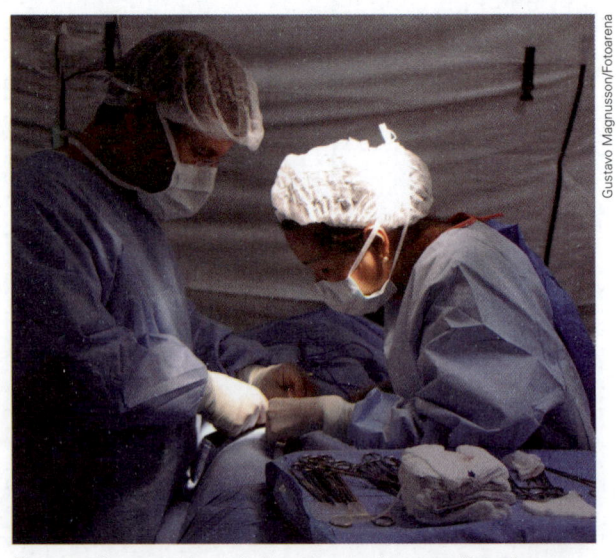

Procedimento médico gratuito realizado por profissionais da ONG Expedicionários da Saúde, em Tefé, Amazonas, 2015. Essa ONG leva atendimento médico a populações indígenas em suas comunidades.

Cartaz de evento realizado em 2015 pela Associação de Moradores de Colina de Laranjeiras (Amacol), no município de Serra, Espírito Santo.

2 Você conhece alguma ONG? Em caso afirmativo, cite um exemplo. Que tipo de ação essa ONG realiza?

3 No município onde você mora, há associações de moradores? Em caso afirmativo, dê exemplos. Você já participou de um evento organizado por alguma dessas associações?

Os mutirões

Os mutirões são ações coletivas e gratuitas realizadas em benefício dos cidadãos.

Eles podem ser organizados por associações de moradores, por órgãos do governo e até por ONGs. Muitas vezes, o trabalho nos mutirões é realizado por **voluntários**. A notícia a seguir traz um exemplo de mutirão.

> **Voluntário:** pessoa que realiza um trabalho sem pagamento em troca, isto é, ela doa seu trabalho.

É de barco que as equipes do Programa Nacional de Documentação da Trabalhadora Rural [...] chegam às mulheres ribeirinhas de quatro municípios paraenses [...].

Nos mutirões, estarão disponíveis, gratuitamente, às trabalhadoras rurais: primeiras e segundas vias das carteiras de identidade e de trabalho, certidão de nascimento, CPF [...].

Uma das vantagens do mutirão é que não há custo algum para as participantes, incluindo as cópias das documentações e o serviço fotográfico.

Trabalhadora assinando carteira de trabalho em Barcarena, Pará, durante mutirão de documentação. Foto de 2015.

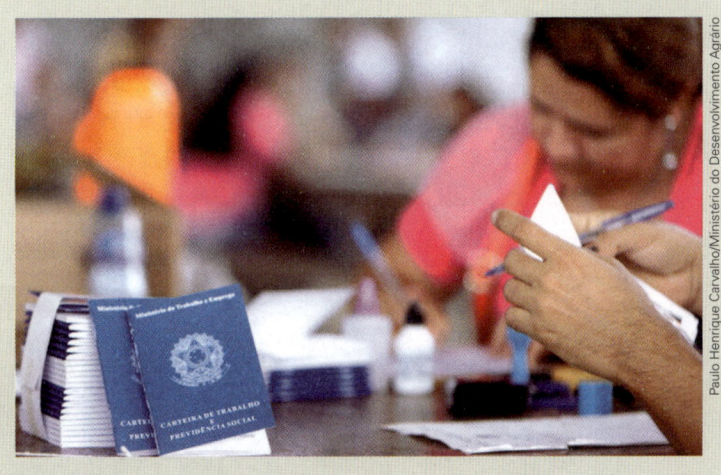

Cidadania chega para agricultoras ribeirinhas no Pará. Ministério do Desenvolvimento Agrário, 15 abr. 2016. Disponível em: <http://www.mda.gov.br/sitemda/noticias/cidadania-chega-para-agricultoras-ribeirinhas-no-par%C3%A1>. Acesso em: 6 mar. 2017.

4 Preencha o quadro com as informações da notícia.

Objetivo do mutirão	
Onde ocorreu	
Principais beneficiados	

5 Em sua opinião, por que mutirões como esse são importantes?

Pessoas e lugares

Hortas comunitárias em Cambé

Nos centros urbanos, são comuns os terrenos abandonados ou as praças malcuidadas. Alguns desses lugares acabam ocupados por pessoas que não têm onde morar. Porém, há casos em que eles ficam sem utilidade.

Em alguns municípios, moradores usaram a criatividade para dar vida a esses espaços e ainda produzir alimentos saudáveis para a comunidade. Eles iniciaram o cultivo de hortas coletivas.

Os projetos dessas hortas, também chamadas hortas comunitárias ou urbanas, são diversos e ocorrem em vários municípios do Brasil. A comunidade do entorno é responsável pelo cultivo e cuidado das hortas.

Em geral, todos acabam se beneficiando com aquilo que é produzido. A iniciativa ajuda a melhorar a alimentação das famílias e proporciona a interação entre os vizinhos.

Conheça as hortas comunitárias de Cambé, no Paraná.

O Programa de Hortas Comunitárias de Cambé existe desde 1983. Criado pela Prefeitura Municipal de Cambé, ele atende vários bairros do município. Na foto, vista aérea da Horta Comunitária do Cambé III, 2015.

A Prefeitura de Cambé é responsável pela instalação das hortas que, depois, passam aos cuidados dos moradores do bairro. A Horta Comunitária do Cambé III é cultivada, geralmente, pelos moradores das ruas Gralha, Azulão e Beija-Flor. Foto de 2017.

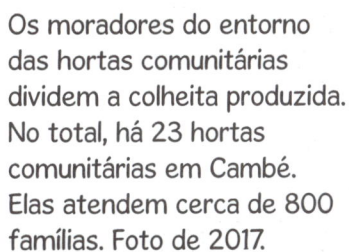

Os moradores do entorno das hortas comunitárias dividem a colheita produzida. No total, há 23 hortas comunitárias em Cambé. Elas atendem cerca de 800 famílias. Foto de 2017.

1. Quais benefícios o Projeto de Hortas Comunitárias de Cambé trazem para os moradores?

2. Você costuma comer alimentos que são produzidos em hortas? Você gosta deles?

3. Imagine que você e os colegas vão organizar um almoço na escola com alimentos colhidos em uma horta. Qual seria o cardápio? Com a orientação do professor, façam uma lista coletiva na lousa.

Aprender sempre

1 A Constituição brasileira estabelece os direitos de todo cidadão que devem ser respeitados. Escreva os direitos que você conhece.

_____
_____
_____

2 Observe as fotos e leia as legendas. Em sua opinião, o que é preciso fazer para melhorar as condições desses locais?

Lixo espalhado na calçada em avenida de Belém, Pará. Foto de 2014.

_____
_____

Moradias precárias no município de São Paulo. Foto de 2014.

_____
_____

3 No município onde fica a escola, há problemas com transporte público? Para responder a essa questão, forme um grupo com dois colegas e siga as etapas abaixo.

- Pesquisem nos jornais do município, impressos ou digitais, notícias sobre o transporte público. Se identificarem problemas com esse transporte, relatados nas notícias, façam uma lista no caderno.

- Entrevistem os funcionários da escola. Perguntem a eles se, na ida ao trabalho e na volta para casa, utilizam transporte público e se identificam problemas nesse transporte. Em caso afirmativo, acrescentem os problemas relatados por eles à lista de vocês.

- Lembrem-se de anotar na lista as fontes das informações, como o nome e a data do jornal pesquisado, o nome completo das pessoas entrevistadas e a data da entrevista.

- Leiam para os colegas a lista que vocês elaboraram e ouçam a leitura das listas dos outros grupos.

4 Participar de trabalhos voluntários, ações coletivas ou campanhas é uma forma de exercer a cidadania. Os cartazes a seguir trazem exemplos de algumas dessas iniciativas.

A. Cartaz de campanha de doação de sangue em Crateús, Ceará, em 2016.
B. Cartaz de campanha de coleta de resíduos orgânicos em Catalão, Goiás, em 2014.

- De que maneira você, os colegas e os familiares poderiam participar dessas campanhas?

CAPÍTULO 7
As origens da cultura brasileira

Você sabe o que é **cultura**?

Cultura é tudo aquilo que é aprendido e compartilhado pelas pessoas em uma sociedade. São os costumes, as tradições e os conhecimentos de um povo.

Diversos povos contribuíram para a formação da cultura brasileira. Veja as imagens abaixo.

A Cesta utilizada para guardar pães. Foto de 2015.

B Apresentação de afoxé do grupo Filhos de Gandhy. Foto de 2014.

C Calçada em praça no centro antigo do Recife, Pernambuco. Foto de 2015.

▶ Observe a imagem **A**. Você sabe a origem desse objeto? Ele é utilizado em sua casa?

▶ Na imagem **B**, que instrumento as pessoas estão tocando? Você já viu alguma apresentação musical com esses instrumentos?

▶ Veja a imagem **C**. Você sabe a origem desse tipo de calçada? Levante hipóteses.

▶ As imagens acima mostram diferentes manifestações da cultura brasileira. Você reconhece aspectos de nossa cultura em seu dia a dia? Quais?

Indígenas e portugueses

Os portugueses ocuparam as terras dos indígenas. Como não conheciam os territórios, para sobreviver, adotaram vários costumes dos diferentes povos nativos, como os caminhos usados, os alimentos encontrados nas matas, etc.

Os povos indígenas, por sua vez, também aprenderam vários costumes com os portugueses, ainda que tenham resistido e lutado contra a dominação europeia. O texto a seguir é sobre essas trocas culturais.

Johann Moritz Rugendas. *Guerrilhas*, cerca de 1830. Gravura.

> No início, nem conversar eles conseguiam, pois não falavam a mesma língua. Mas não demorou para começarem a se entender e a trocar conhecimentos. Com os portugueses os índios brasileiros passaram a conhecer coisas até então incomuns para eles, como espelhos, sapatos, armas de fogo e cachorros. Mas também ensinaram muita coisa ao homem branco. [...]
>
> Coisas simples, como tomar banho todos os dias, nós aprendemos com eles, assim também como comer mandioca e maracujá.

Keila Jimenez. *O Estado de S. Paulo*, 16 abr. 2005. Suplemento infantil Estadinho, p. 4.

1 Preencha o quadro com os elementos da cultura de portugueses e indígenas citados no texto.

Elementos da cultura

Portuguesa	Indígena

O tupi-guarani na língua portuguesa

Para se comunicar com os indígenas, os portugueses aprenderam as línguas da família **tupi-guarani**. A maioria dos povos indígenas que viviam no litoral do Brasil falava línguas dessa família.

Muitos indígenas também aprenderam a falar português para se relacionar com os europeus.

Em algumas regiões do Brasil colonial, a influência da cultura indígena era tão grande que os descendentes dos europeus também falavam línguas tupi-guarani.

Em 1757, o governo de Portugal tornou obrigatório o idioma português a todos os que viviam no Brasil. Mas, a essa altura, diversas palavras indígenas já eram usadas pelos portugueses que aqui viviam. Por exemplo: jabuticaba, jacaré, lambari, pererreca.

Gramática: livro que contém o conjunto de normas e regras para falar e escrever corretamente uma língua.

Essa é a reprodução da capa da primeira **gramática** em tupi-guarani, escrita pelo padre José de Anchieta e publicada em 1595.

2 Veja mais alguns exemplos de palavras de origem tupi que foram incorporadas à língua portuguesa. Depois, complete o quadro com o sentido que essas palavras têm atualmente.

Palavra	Sentido original em tupi-guarani	Sentido atual
abacaxi	fruta de cheiro forte	
biboca	local de difícil acesso	
carioca	casa de branco	

Povos africanos

A cultura brasileira também se formou com a contribuição de diferentes povos africanos, com seus costumes, ritmos, danças, comidas, instrumentos musicais, crenças, lendas e muito mais.

O texto a seguir fala um pouco sobre essa influência.

> Os terreiros nos quais se abrigam os candomblés e umbandas são espaços com muitas características das culturas africanas – na arquitetura, nos tipos de plantas e árvores plantadas no entorno das construções, [...] na dança em círculos ao ritmo dos tambores, instrumentos que aqui e na África são cercados de cuidados. [...]
>
> Ao lado do tambor, outros instrumentos, como o berimbau, o agogô e o reco-reco, se juntaram aos de origem lusitana, como o pandeiro, a viola e a rabeca, e são utilizados em grande variedade de danças e festas. Nas congadas, maracatus, capoeiras e reisados, os ritmos africanos estão na base da música tocada. [...]
>
> Se passarmos dos ritos religiosos, festas, danças e músicas [...], veremos a influência africana na culinária brasileira, principalmente na Bahia [...]. Acarajé, vatapá, aluá e xinxim de galinha são alguns pratos que [...] têm receitas parecidas com as feitas na África [...]. Além dos pratos preparados, o inhame, o cará, a noz-de-cola e a nossa tão típica banana vieram do continente africano.

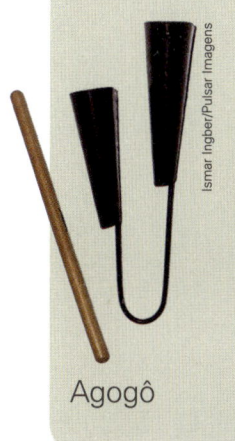

Atabaque — Berimbau — Agogô — Reco-reco

Marina de Mello e Souza. *África e Brasil africano*. 3. ed. São Paulo: Ática, 2012. p.132-135.

1 De acordo com as cores das legendas abaixo, sublinhe no texto os elementos da cultura brasileira cuja origem é africana.

- ritmos musicais
- instrumentos musicais
- alimentos
- religiosidades

2 Você já experimentou algum dos alimentos citados no texto? Ouviu falar de alguma expressão religiosa de origem africana? Já dançou ao som de algum dos ritmos musicais que aparecem nas fotos?

setenta e três 73

Resistindo à escravidão

No passado, vários povos africanos foram trazidos ao Brasil como escravizados. Ou seja, eles eram considerados mercadorias e podiam ser vendidos ou comprados. Além disso, tinham de obedecer ao dono de escravos e chegavam a sofrer castigos físicos quando não o faziam. Mesmo nessa difícil condição, os povos africanos resistiram e preservaram sua cultura no Brasil.

> Os homens e mulheres escravizados também buscavam algo que os fortalecesse em terras brasileiras. [...] As diferentes crenças religiosas trazidas dos lugares em que viviam na África eram fundamentais, pois os amparavam [...].
>
> Em cada bater ritmado de palmas ou de tambores, os negros buscavam forças para sobreviver. Por serem constantemente vigiados e proibidos de praticar seus cultos, tentavam realizá-los escondidos de seus senhores, como em terreiros. Em muitos de seus rituais, e entre palavras, sons, cantos, ritmos, danças, cores, formas, cheiros e símbolos de povos africanos, buscavam [...] a celebração da vida e da liberdade.

Celebração no terreiro de candomblé Ile Axe Ala Obatalandê, em Lauro de Freitas, Bahia. Foto de 2014.

Marilda Castanha. *Agbalá*: um lugar continente. São Paulo: Cosac Naify, 2007. p. 18.

3 Com base no texto, responda às questões a seguir.

a. O que os africanos faziam para suportar a nova realidade?

b. De que modo os africanos preservaram suas crenças?

Registros

A arte como documento histórico

Atualmente, para registrar imagens de pessoas, lugares e acontecimentos, usamos máquina fotográfica, câmera do celular, filmadora, etc.

Porém, há duzentos anos, esses registros eram feitos por artistas em pinturas, esculturas, desenhos e gravuras. Hoje, eles nos ajudam a conhecer os modos de vida e o cotidiano das pessoas em épocas passadas.

O pintor francês Jean-Baptiste Debret permaneceu no Brasil entre 1816 e 1831. Em seus desenhos e pinturas, ele retratou as paisagens, as pessoas e os costumes daquela época. Esse material está na obra *Viagem pitoresca e histórica ao Brasil*. Observe a imagem.

Jean-Baptiste Debret. *Uma tarde na praça do palácio*, 1835. Aquarela. A imagem retrata uma cena no Rio de Janeiro.

1 Quem são as pessoas retratadas? O que elas estão fazendo?

_____
_____
_____

Aprender sempre

1 Observe as imagens e responda às questões.

A

Charles Bentley. *Watu Ticaba, uma aldeia Wapichana*, 1841. Gravura. À direita, mulheres preparando **beiju**.

Beiju: massa de mandioca assada.

B

Indígena do povo Barasana preparando beiju na aldeia Rouxinol, no Amazonas. Foto de 2014.

a. Qual atividade está representada nas duas imagens? Quais são as semelhanças entre as duas imagens?

_____

_____

b. Leia as legendas. As imagens são da mesma época? Explique.

_____

c. Você já experimentou o alimento que está sendo preparado nas duas imagens? Em caso afirmativo, o que achou? Caso não tenha experimentado, gostaria de prová-lo?

76 setenta e seis

2 Vamos descobrir outras palavras de origem indígena e africana que usamos no Brasil? Sigam as etapas abaixo.

- Definam quem vai pesquisar palavras de **origem africana** e quem vai pesquisar palavras de **origem indígena**. Preencham o quadro a seguir com essa decisão.

Nomes	Origem das palavras

- Os parceiros de dupla devem se separar para realizar a pesquisa: cada um vai pesquisar **três** palavras de acordo com a origem definida na etapa anterior. A pesquisa pode ser feita em livros e dicionários, impressos ou digitais.

- Anotem as três palavras e seus significados no caderno, sem que o parceiro de dupla veja.

- Por fim, sentem-se frente a frente para começar. Um de cada vez vai ler em voz alta apenas o significado de uma das palavras pesquisadas. O outro deve tentar adivinhar qual é a palavra. Depois, invertam os papéis.

3 Leia um dos significados da palavra **preconceito**.

> [...] qualquer opinião ou sentimento concebido sem exame crítico. [...]

Instituto Antônio Houaiss. *Dicionário eletrônico Houaiss da língua portuguesa*. Rio de Janeiro: Objetiva, 2009.

a. Para você, o que significa preconceito?

b. Em sua opinião, considerar as próprias expressões culturais superiores às dos outros é uma forma de preconceito? Por quê?

A Cor da Cultura
Disponível em: <http://www.acordacultura.org.br>. Acesso em: 21 fev. 2017.
Na seção Livros Animados desse *site*, você tem acesso a livros, jogos e animações com temas relacionados à valorização da cultura afro-brasileira.

CAPÍTULO 8

Diversidade de povos no Brasil: os indígenas

No Parque Indígena do Xingu, no Mato Grosso, vivem 16 povos indígenas. O texto a seguir foi escrito pelo professor Kurehete Kamayurá, indígena do povo Kamayurá, um dos grupos que vivem nesse lugar.

> Na minha aldeia tem casa e na casa tem: rede, cobertor, toalha, pasta de dente, escova de dente, escova de lavar roupa, sandália, sapato, tênis, calção, camiseta, panela, panelinha, panelão de barro, máquina de costura, comida, [...] peixe assado, flecha, [...] arco, pilão, esteira, peneira, raladeira, banco, [...] bolsa, mala, lenha de fogo, pimenta, sal, tacho de fazer beiju, rede de pescar, remo, facão, foguinho, machado, enxada, flauta [...], mesa, brinco de pluma de bico tucano, [...] bola, chuteira, uniforme de time de futebol.

Vista aérea de aldeia do povo Kamayurá, no Parque Indígena do Xingu, Mato Grosso. Foto de 2015.

Kurehete Kamayurá. Na minha aldeia tem. Em: *Geografia indígena*: Parque Indígena do Xingu/Instituto Socioambiental. Brasília: MEC/SEF/DPEF, 1988. p. 39.

▷ Quais semelhanças e diferenças há entre as coisas que existem em uma casa Kamayurá e na casa onde você mora?

▷ Em sua opinião, todos os povos indígenas têm os mesmos costumes e a mesma forma de organização? Por quê?

Onde estão os povos indígenas

No Brasil existem hoje pouco mais de 305 povos indígenas, totalizando quase 900 mil pessoas. Dessas pessoas, cerca de 502 mil vivem em **aldeias** situadas em **Terras Indígenas** e aproximadamente 315 mil vivem em cidades.

Mas, quinhentos anos atrás, havia, provavelmente, mais de 5 milhões de indígenas ocupando as terras que hoje formam o **território** brasileiro.

Território: refere-se a uma área, um espaço delimitado, que tem população, governo, lei.

Pela Constituição brasileira, os povos indígenas têm direito de viver em suas terras e de usar todos os recursos naturais que existem nelas. As Terras Indígenas são demarcadas pelo governo e devem ser protegidas por ele.

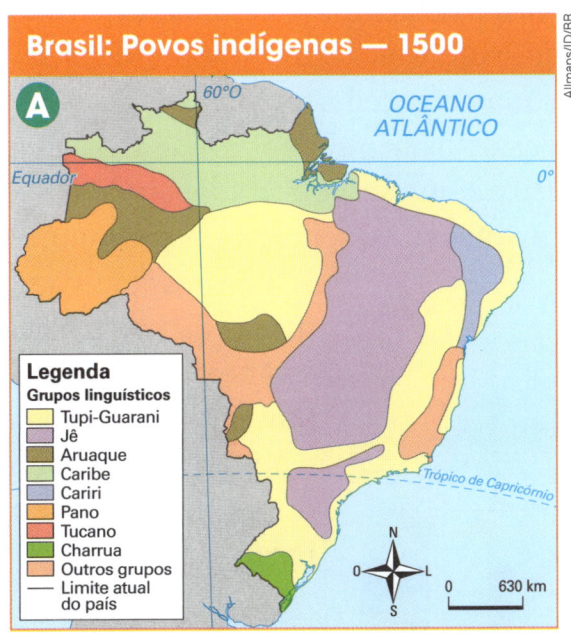

Brasil: Povos indígenas — 1500

Legenda
Grupos linguísticos
- Tupi-Guarani
- Jê
- Aruaque
- Caribe
- Cariri
- Pano
- Tucano
- Charrua
- Outros grupos
- Limite atual do país

Fonte de pesquisa: Cláudio Vicentino. *Atlas histórico geral e do Brasil*. São Paulo: Scipione, 2011. p. 52.

Brasil: Terras Indígenas — 2015

Legenda
- Terras Indígenas

Fonte de pesquisa: *Atlas geográfico escolar*. Rio de Janeiro: IBGE, 2016. p. 112.

1 De acordo com o mapa **B**, onde se encontra hoje a maioria das Terras Indígenas: no interior ou no litoral do Brasil?

2 As Terras Indígenas são reconhecidas por lei? Além dos indígenas, outras comunidades podem usufruir desses territórios? Por quê?

Índios ou indígenas?

Índios: foi assim que os espanhóis chamaram os habitantes da América, em 1492. Eles pensavam que haviam chegado à Índia e que esses habitantes formavam um único povo.

Só mais tarde perceberam o engano: as terras descobertas não eram a Índia e nelas havia muitos povos que falavam línguas diferentes e tinham tradições e costumes variados.

Atualmente, tanto "indígenas" quanto "índios" são palavras usadas para identificar os nativos desses territórios. Mas agora você já sabe que a expressão "índios" tem origem em um engano dos europeus.

Sobre a palavra "índio", leia a opinião do escritor Daniel Munduruku.

Segundo Daniel, quando um indígena é chamado de índio ele entra num grupo de pessoas iguais entre si. Uma forma de apagar a identidade de cada um. Uma palavra que acaba diminuindo o indígena. "Eu sou um indígena Munduruku, esse é meu povo com três mil anos de história. É um povo completo e que resolve suas necessidades de maneira própria. São trezentos anos de contato com a sociedade brasileira e que acabou se adaptando a isso. O povo Munduruku lutou muito para manter sua essência e conseguiu. [...] Temos nossa língua, nossas danças e nossa espiritualidade. Cada povo é diferente nisso, e por isso não se pode dizer que índio é tudo igual."

Daniel Munduruku já escreveu cerca de cinquenta livros sobre temáticas relacionadas à vida dos povos indígenas. Foto de 2012.

Magali Colonetti. Daniel Munduruku: "Indígena sim, índio não". Em: *XIII Encontro de Culturas Tradicionais da Chapada dos Veadeiros*, 17 jul. 2015. Disponível em: <http://www.encontrodeculturas.com.br/2013/noticia/721/daniel-munduruku-indigena-sim-indio-nao?fb_comment_id=833886170020450_834296099979457>. Acesso em: 15 set. 2017.

3 Com base no que você leu, é preferível falar índios ou indígenas? Por quê? Você concorda com Daniel Munduruku?

Diversos povos

Quando os europeus chegaram às terras que hoje formam o Brasil, havia diferentes povos habitando o território: Tupi, Tupinambá, Kadiwéu, Potiguar, Caeté, Xavante, Botocudo, Puri, Coropó, Aimoré e muitos outros.

Porém, as diferenças entre eles não foram compreendidas e respeitadas pelos europeus.

Muitos povos desapareceram desde a chegada dos primeiros portugueses, mas a diversidade ainda caracteriza os povos indígenas no Brasil.

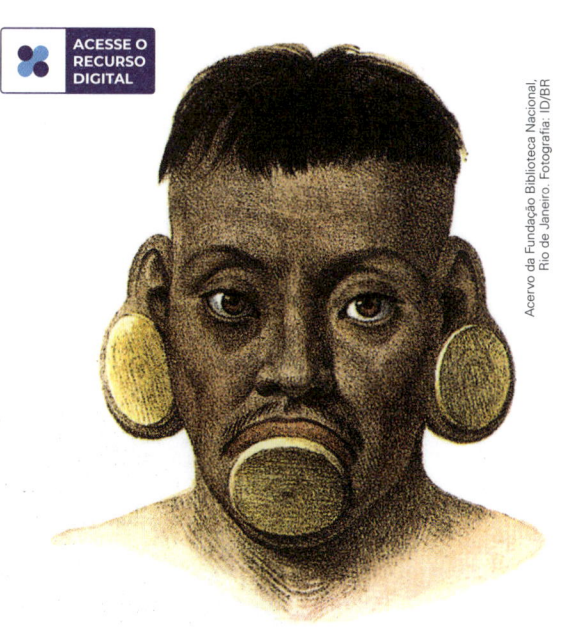

Johann Moritz Rugendas. *Homem botocudo*, 1835. Gravura.

Ainda hoje existem vários povos indígenas que vivem isolados. Eles praticamente não têm contato com os não indígenas e não falam português.

Vivem na floresta, em lugares de difícil acesso, e se alimentam da caça, da pesca e da coleta de vegetais.

Johann Moritz Rugendas. *Índia coropó*, 1835. Gravura.

4 As imagens desta página representam indígenas de quais povos?

5 Os povos indígenas são todos iguais? Escreva uma frase sobre isso e depois leia-a para os colegas.

A vida dos povos indígenas

Os povos indígenas têm culturas variadas. O povo Panará, por exemplo, constrói as moradias da aldeia dispostas em círculo. Já os Marubo vivem todos em uma única grande habitação.

As pinturas do corpo também são diferentes e têm sentidos diversos entre os povos indígenas. E cada povo tem padrões de pintura próprios, de acordo com seu modo de ser.

Indígenas Kalapalo do Parque Indígena do Xingu, Mato Grosso, realizando pintura corporal. Foto de 2016. As tintas usadas são extraídas de árvores e frutos.

Muitos indígenas que moram nas cidades vivem de modo bastante semelhante ao dos não indígenas. Mesmo assim continuam sendo indígenas: sentem que pertencem a seu povo e procuram preservar suas tradições.

Muitos deles buscam saber notícias de sua aldeia e vão visitá-la sempre que podem.

1 Contorne a frase correta sobre os povos indígenas do Brasil.

a. Todos os povos indígenas se pintam da mesma maneira.

b. Todos os povos indígenas constroem as moradias em aldeias dispostas em círculo.

c. Muitos indígenas que moram nas cidades mantêm os costumes tradicionais de seu povo.

Ser criança

O nascimento de uma criança indígena costuma ser bastante festejado, assim como ocorre nas sociedades não indígenas. O nome que essas crianças recebem tem significado especial. Por exemplo, Iaciara é um nome tupi que significa "senhora da lua".

Nas aldeias, as crianças ouvem histórias contadas pelos mais velhos, observam as atividades do grupo e participam delas. Assim, ouvindo e imitando os adultos, os meninos e as meninas aprendem as tradições de sua cultura.

Atualmente, muitas crianças indígenas vão à escola da aldeia, onde têm aulas com professores indígenas. Em muitas dessas escolas, aprendem a ler e a escrever na língua de seu povo e em português. As aulas são semelhantes às de escolas não indígenas, mas também ensinam as histórias, os costumes e as tradições de seu povo.

Há também crianças indígenas que moram em cidades e frequentam escolas junto com crianças não indígenas.

Sala de aula em escola da aldeia Moikarakô, do povo Kayapó, em São Félix do Xingu, Pará. As aulas acontecem em língua indígena. Foto de 2016.

2 Você é descendente de indígenas? Conhece crianças que sejam descendentes de indígenas?

3 Que semelhanças você reconhece entre ser uma criança indígena e ser uma criança não indígena?

Brinquedos e brincadeiras indígenas

As crianças indígenas também brincam. No caso daquelas que moram em aldeias, é comum que seus brinquedos sejam feitos de barro, palha, sementes, madeira e outros materiais disponíveis nas terras onde a comunidade indígena vive.

Aquelas que moram nas cidades também brincam com brinquedos iguais aos das crianças não indígenas.

Quando podem, os adultos participam das brincadeiras. É o caso do *Heiné Kuputisü*, um jogo dos Kalapalo, povo que vive no Parque Indígena do Xingu, Mato Grosso. Veja como esse jogo funciona.

À esquerda, pião feito pelo povo Kuikuro, que vive no Mato Grosso. À direita, peteca feita pelo povo Guarani Mbya, que mora em Parelheiros, São Paulo.

Neste jogo de resistência e equilíbrio, o corredor deve correr num pé só, feito um saci, e não pode trocar de pé. Uma linha é traçada na terra para definir o local da largada e uma outra, a uns 100 metros de distância, aponta a meta a ser atingida.

Se o jogador conseguir ultrapassar a meta é considerado um vencedor, mas, se parar antes de chegar na linha final, é sinal de que [...] precisa treinar mais.

Heiné Kuputisü. Instituto Socioambiental (ISA) – Povos Indígenas no Brasil Mirim. Disponível em: <https://pibmirim.socioambiental.org/como-vivem/brincadeiras>. Acesso em: 15 set. 2017.

4 Você já jogou *Heiné Kuputisü*? Conhece algum jogo parecido? Explique.

Entrando na vida adulta

Entre os povos indígenas, a passagem para a vida adulta é marcada por **rituais** que variam de um povo para outro.

> **Ritual:** realização de prática que tem um significado para o grupo, como formatura e casamento.

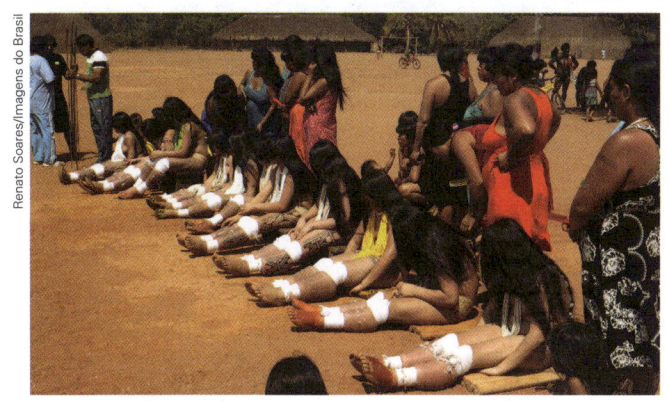

Mulheres durante ritual de passagem do povo Waurá, que vive no Parque Indígena do Xingu, Mato Grosso. Foto de 2016.

As meninas waurás, por exemplo, entre os 12 e 15 anos de idade, ficam em uma casa, aprendendo sobre a vida adulta. Elas passam até três anos reclusas. Ao sair, elas são apresentadas como mulheres adultas e cortam os longos cabelos que cresceram nesse tempo.

Já os meninos pankararus são reconhecidos como homens por volta dos 14 anos. Com essa idade, os garotos acompanham os homens mais velhos da comunidade a um terreno assombrado pelos *praiás*, entidades vestidas com palhas. Se escaparem dos *praiás*, os meninos são reconhecidos como adultos e podem frequentar o Poró, local sagrado onde só os homens podem entrar.

Praiás durante o festejo chamado de Menino do Rancho, que marca a iniciação na vida adulta dos meninos pankararus, em Tacaratu, Pernambuco. Foto de 2014.

5 Os rituais de passagem para a vida adulta são idênticos para todos os povos indígenas? Explique.

Pessoas e lugares

Jogos dos Povos Indígenas

Os esportes também fazem parte da cultura de um povo. Com os jogos e as brincadeiras indígenas não é diferente. Você já ouviu falar dos Jogos dos Povos Indígenas?

Trata-se de um dos maiores encontros esportivos de indígenas do Brasil.

A primeira edição ocorreu em 1996, em Goiânia, Goiás. Ela foi organizada por Carlos Terena e Marcos Terena, lideranças do povo Terena, que habita vários estados, como São Paulo, Mato Grosso, Goiás e Mato Grosso do Sul.

Mais de 400 indígenas do Brasil, de 29 povos diferentes, participaram do evento.

Atleta pataxó, da Bahia, durante competição de **arremesso de lanças**. Foto de 2015.

Indígenas do povo Gavião Parkatêjê, do Pará, realizam **corrida de tora**. Foto de 2015.

Indígenas do povo Paresi, do Mato Grosso, durante partida de *jikunahati*, jogo parecido com o futebol, mas em que os atletas só podem usar a cabeça para tocar a bola. Foto de 2015.

As modalidades esportivas incluem jogos de origem indígena e não indígena. As fotos destas páginas mostram alguns exemplos de competições realizadas na edição de 2015 dos jogos.

Nesse ano, o evento foi chamado de Jogos Mundiais dos Povos Indígenas. Ele aconteceu em Palmas, Tocantins. A mudança do nome ocorreu porque, além dos povos indígenas do Brasil, foram convidados povos nativos de outros 24 países.

No passado, os povos indígenas não costumavam se encontrar para realizar jogos. Esse é um costume da sociedade não indígena, que organiza eventos esportivos como os jogos olímpicos.

Indígenas do povo Manoki, do Mato Grosso, durante disputa de **cabo de guerra**. Foto de 2015.

Selo postal comemorativo dos Jogos Mundiais dos Povos Indígenas, 2015.

1 Você conhece ou pratica algum dos esportes apresentados? Em caso afirmativo, qual? Em caso negativo, qual você gostaria de praticar? Por quê?

2 Atualmente, os Jogos dos Povos Indígenas são organizados pelo Ministério do Esporte. Em sua opinião, é importante incentivar esse tipo de evento? Por quê?

Aprender sempre

1 Leiam o texto e a tira a seguir.

> Os povos indígenas têm um profundo respeito pela terra. Eles a consideram como uma "grande mãe" que os alimenta e dá vida, porque é dela que tiram todas as coisas que precisam para a sua sobrevivência [...]. Para eles a terra não é apenas vista como um bem a ser explorado e depredado [...].

Daniel Munduruku. *Coisas de índio*. São Paulo: Callis, 2000. p. 86.

Mauricio de Sousa Produções. Tira da personagem Papa-Capim, 2004.

a. Com base no texto, os povos indígenas usam da natureza apenas aquilo de que necessitam? Expliquem.

b. Vocês sabem o que significa "caraíbas" na tira? Com a orientação do professor, procurem o significado dessa palavra em um dicionário. Mas atenção: há significados que não servem para a tira. Escrevam a seguir apenas o significado adequado ao diálogo entre Papa-Capim e Kava.

_____

_____

c. Com a orientação do professor, procurem em um dicionário o significado das palavras explorado e depredado. Anotem os significados no caderno. Caso tenham aparecido no texto outras palavras que vocês não conheçam, façam o mesmo com elas.

d. Releiam: "Para eles a terra não é apenas vista como um bem a ser explorado e depredado". Relacionem essa frase do texto com o último quadro da tira.

2 Observe as fotos de duas aldeias indígenas e leia as legendas.

Vista aérea da aldeia Pykararakre, do povo Kayapó, em São Félix do Xingu, Pará. Foto de 2016.

Vista aérea de aldeia do povo Kamayurá, no Parque Indígena do Xingu, Mato Grosso. Foto de 2015.

■ Compare as duas aldeias. Que diferenças há entre elas? Por que elas são diferentes?

___

___

___

3 Em uma folha avulsa, faça um desenho colorido do lugar onde você mora. Depois, compare-o com os lugares retratados nas fotos da atividade **2**.

a. Há alguma semelhança entre os três lugares? Em caso afirmativo, qual?

b. Qual dos três lugares é o mais diferente? Por quê?

4 Em sua opinião:

a. Os indígenas são todos iguais? Eles vivem da mesma maneira?

b. Quando um indígena usa roupas iguais às de não indígenas, fala português e trabalha na cidade, ele deixa de ser indígena?

oitenta e nove **89**

CAPÍTULO 9
O encontro entre indígenas e portugueses

O contato com os portugueses, que vinham da Europa, transformou o modo de vida dos povos indígenas. Esse contato também influenciou muito a cultura brasileira.

O texto a seguir relata como os indígenas viviam antes do encontro com os portugueses.

Primeiro só nós índios vivíamos nessa terra.

Os índios eram donos de todas as matas, eram donos de todos os rios, eram donos de todos os campos [...]

Nossa gente vivia feliz. Tinha muita caça. Tinha muito peixe. Tinha muita fruta. Nunca faltava terra boa para fazer roça [...]

Muito longe daqui tem uma terra que se chama Europa. Lá moram homens de pele branca. Eles têm costumes muito diferentes dos nossos [...]

Antes de os brancos chegarem tinha muito mais **Nações de índios** do que hoje. Tinha muito mais de 5 milhões de pessoas. Cada Nação falava a sua língua; cada Povo vivia como era costume dele.

Nação de índios: no texto, cada um dos povos indígenas que viviam nas terras que hoje correspondem ao território do Brasil.

Eunice de Paula. *História dos povos indígenas*: 500 anos de luta no Brasil. Petrópolis: Vozes; Brasília: Cimi, 1986. p. 18-23.

▶ Quando o narrador diz "nessa terra", de que lugar está falando?

▶ Segundo o texto, como os indígenas viviam?

▶ No texto, quem são os brancos?

▶ Quais influências indígenas você reconhece na cultura brasileira? E quais são as influências portuguesas?

Os primeiros encontros

Como você viu, indígenas e portugueses se encontram em 1500. Os portugueses, navegando em busca de riquezas, como ouro, prata e pedras preciosas, ainda desconheciam muitos lugares e povos do mundo.

Quando portugueses e indígenas se encontraram, todos ficaram surpresos, pois tinham modos de vida muito diferentes.

Théodore de Bry. Representação do encontro entre indígenas e portugueses, 1592. Gravura.

1 Observe a gravura acima e converse com os colegas sobre as questões a seguir.

   a. Quem é o autor da gravura?

   b. Quando ela foi feita?

   c. Como os indígenas foram representados?

   d. Como os portugueses foram representados?

Diferenças

As diferenças entre os povos indígenas e os portugueses eram muitas. Os indígenas viviam em aldeias, na mata. As moradias eram, em geral, feitas de madeira, cobertas com palhas de palmeira, como o buriti, e não havia muita mobília nelas. Já os portugueses vinham de cidades da Europa, onde moravam em casas de tijolos e dormiam em camas.

Os indígenas conheciam muito bem as plantas e os caminhos na mata, que eram desconhecidos para os portugueses. Eles não conheciam dinheiro, armas de fogo, cavalos e alguns outros animais, coisas com as quais os portugueses estavam habituados.

O texto abaixo conta como foi um dos primeiros encontros entre portugueses e indígenas. Ele foi escrito por Pero Vaz de Caminha.

Oscar Pereira da Silva. Detalhe da obra *Índios a bordo da nau Capitânia de Cabral*, cerca de 1920. Óleo sobre tela.

Mostraram-lhes um carneiro; não fizeram caso dele.
Mostraram-lhes uma galinha; quase tiveram medo dela, e não lhe queriam pôr a mão. Depois lhe pegaram, mas como espantados.
Deram-lhes ali de comer: pão e peixe cozido, confeitos, fárteis, mel, figos passados. Não quiseram comer daquilo quase nada; e, se provavam alguma coisa, logo a lançavam fora.

Não fazer caso: não ligar, não se importar.
Confeito: doce.
Fártel: tipo de doce feito com açúcar e amêndoa.
Figo passado: figo seco.

Pero Vaz de Caminha. *Carta a El Rei D. Manuel*. Disponível em: <http://www.dominiopublico.gov.br/download/texto/bv000292.pdf>. Acesso em: 14 set. 2017.

2 Sublinhe, no texto de Caminha, os nomes dos animais que os indígenas não conheciam.

Tempos mais amistosos

Durante algum tempo, a relação entre os portugueses e os indígenas foi, de modo geral, **pacífica**.

> **Pacífico:** de paz, sem conflito.

Muitos indígenas trabalhavam para os portugueses, retirando da mata as árvores que seriam vendidas na Europa. Os indígenas também ajudavam a carregá-las para os navios. Além disso, eles forneciam aos portugueses alguns alimentos que cultivavam, como a mandioca.

Em troca dos produtos e do trabalho, os indígenas recebiam, no início, miçangas e pentes. Para facilitar o corte das árvores e apressar o trabalho, passaram a receber também ferramentas, como machados.

André Thévet. Representação de indígenas trabalhando na extração de pau-brasil, 1575. Gravura.

3 Observe a imagem, leia a legenda e responda às questões.

a. Quem são as pessoas retratadas?

b. Onde elas estão? O que estão fazendo?

c. Escreva outra legenda para a imagem, usando as informações dos itens anteriores.

_____

_____

4 Como o trabalho realizado pelos indígenas era recompensado?

O fim da convivência pacífica

A relação amigável entre portugueses e indígenas logo se transformou em conflito.

Os portugueses queriam que os indígenas trabalhassem como escravos e também que mudassem seus costumes. Eles queriam, por exemplo, que os indígenas usassem roupas e se tornassem católicos.

Muitos indígenas resistiram à escravidão e fugiram ou lutaram até a morte. Aqueles que foram aprisionados e escravizados trabalharam na construção de povoados e vilas e também nas plantações e nos engenhos.

Jean-Baptiste Debret. *O caçador de escravos*, 1825. Óleo sobre tela. Na época em que essa pintura foi feita, a escravização dos indígenas já era proibida por lei. Mesmo assim, os indígenas continuaram sendo escravizados em muitos locais do Brasil.

1. Por que a relação entre portugueses e indígenas se tornou um conflito?

2. Em sua opinião, as atitudes dos portugueses beneficiaram os indígenas? Por quê?

3. Se você fosse um indígena que tivesse vivido nesse período, o que falaria para os portugueses? Anote a resposta no caderno e depois leia para a turma. Por fim, ouça as respostas que os colegas escreveram.

Resultados do encontro

O encontro com os portugueses levou ao desaparecimento de muitos povos indígenas.

Os indígenas sempre enfrentaram com grande coragem os invasores de suas terras. No entanto, as armas dos portugueses eram mais eficazes. Mas muitos indígenas conseguiram se refugiar em lugares escondidos na floresta.

Os indígenas também não tinham resistência a várias doenças trazidas pelos europeus, como gripe, tuberculose, varíola e catapora.

Ainda hoje, indígenas lutam pelo reconhecimento de seus direitos. Ao lado, protesto indígena em Brasília, Distrito Federal. Foto de 2015.

4 Leia as manchetes abaixo. Elas apresentam questões enfrentadas pelas comunidades indígenas atualmente.

> **Violência a comunidade indígena na Bahia gera protestos**

Portal Abrasco, 26 jan. 2016. Disponível em: <https://www.abrasco.org.br/site/noticias/movimentos-sociais/violencia-a-comunidade-indigena-na-bahia-gera-protestos/15849/>. Acesso em: 5 jan. 2017.

> **Indígenas reivindicam atenção à educação e combate ao racismo**

Portal MEC, 6 jul. 2016. Disponível em: <http://portal.mec.gov.br/component/content/article?id=37641>. Acesso em: 5 jan. 2017.

> **Comunidades indígenas reivindicam melhor estrutura no setor da saúde**

Diário do Litoral, 10 out. 2015. Disponível em: <http://www.diariodolitoral.com.br/cotidiano/comunidades-indigenas-reivindicam-melhor-estrutura-no-setor-da-saude/66056/>. Acesso em: 5 jan. 2017.

- Os fatos apresentados nas manchetes têm semelhanças com a situação dos indígenas no passado? Por quê?

■ A luta pela terra

Como você viu, a luta dos povos indígenas para não serem expulsos de suas terras teve início após o encontro com os portugueses e dura mais de quinhentos anos.

Em 1988, com a Constituição Cidadã, a comunidade indígena teve uma importante conquista: o direito ao reconhecimento das Terras Indígenas.

Leia, a seguir, trechos do artigo em que esse direito é assegurado.

Representantes indígenas reivindicam direitos durante a Assembleia Constituinte de 1988, no Congresso Nacional, Brasília, Distrito Federal.

> Art. 231 – São reconhecidos aos índios [...] os direitos originários sobre as terras que tradicionalmente ocupam, competindo à União demarcá-las, proteger e fazer respeitar todos os seus bens. [...]

União: no texto, significa governo federal.

Constituição da República Federativa do Brasil de 1988. Disponível em: <http://www.planalto.gov.br/ccivil_03/constituicao/constituicaocompilado.htm>. Acesso em: 14 set. 2017.

5 Marque com um **X** o quadrinho ao lado da frase que está de acordo com o artigo 231 da Constituição de 1988.

☐ As terras que sempre foram ocupadas pelos povos indígenas devem ser demarcadas e protegidas pelo governo, para que os indígenas possam viver nelas tranquilamente.

☐ Qualquer indivíduo ou empresa pode explorar os recursos naturais das Terras Indígenas.

Terras Indígenas no Brasil
Disponível em: <https://terrasindigenas.org.br/>. Acesso em: 5 jan. 2017.
Nesse portal, criado pelo Instituto Socioambiental (ISA), é possível acompanhar o número de Terras Indígenas demarcadas no Brasil e conhecer melhor as comunidades indígenas atendidas.

▪ As Terras Indígenas e os conflitos

Poucas Terras Indígenas foram demarcadas até hoje. Muitas comunidades indígenas habitam territórios com importantes recursos naturais, como florestas, rios e minerais preciosos.

Por isso, sofrem com as ações de perseguição e expulsão das terras por parte de grandes fazendeiros e empresas madeireiras e mineradoras.

Representantes indígenas denunciaram desrespeito aos seus direitos na Comissão Interamericana de Direitos Humanos, nos Estados Unidos. Foto de 2015.

6 A comunidade Guarani-Kaiowá da terra Pyelito Kue/Mbarakay, no Mato Grosso do Sul, foi expulsa várias vezes de sua terra original a partir de 1950. Em 2012, essa comunidade publicou uma carta denunciando a grave situação que enfrentava.

> Nós (50 homens, 50 mulheres e 70 crianças), comunidades Guarani-Kaiowá [...], viemos através desta carta apresentar a nossa situação histórica [...]. [...]
>
> Moramos na margem do rio Hovy [no Mato Grosso do Sul] há mais de um ano e estamos sem nenhuma assistência, isolados, cercados de pistoleiros e resistimos até hoje. Comemos comida uma vez por dia. Passamos tudo isso para recuperar o nosso território antigo Pyelito Kue/Mbarakay. [...]

Protesto de indígena Guarani-Kaiowá em frente à Esplanada dos Ministérios, Brasília, Distrito Federal. Foto de 2012.

Comunidade Guarani-Kaiowá de Pyelito Kue/Mbarakay. Conselho Indigenista Missionário (Cimi), 10 out. 2012. Disponível em: <http://www.cimi.org.br/site/pt-br/?system=news&conteudo_id=6578&action=read&page=0>. Acesso em: 5 jan. 2017.

▪ Em 2015, essa comunidade conseguiu reconquistar parte de seu território original, que ainda não foi demarcado pelo governo. O direito dos indígenas foi respeitado nesse caso? Por quê?

Aprender sempre

1 As imagens da página 141 retratam influências portuguesas e indígenas. Destaque e cole essas imagens nos locais corretos, de acordo com as informações das legendas.

Cestos feitos por indígenas da etnia Baniwa, que vive no Amazonas. Foto de 2015.

Fachada de casa com azulejos portugueses em Alcântara, Maranhão. Foto de 2014.

Moradia indígena da etnia Kayapó, que vive no Pará. Foto de 2015.

Vasos feitos por indígenas da etnia Kadiwéu, que vive no Mato Grosso. Foto de 2015.

Móvel português do século 19, chamado de cômoda papeleira.

Rede indígena feita pelo povo da etnia Matis, que vive no Mato Grosso. Foto de 2014.

2 Observe a foto. Em sua opinião, o jogo de futebol faz parte dos costumes do povo Kayapó?

Crianças kayapós jogando futebol na aldeia Moikarakô, em São Feliz do Xingu, Pará. Foto de 2015.

3 Leia o texto abaixo.

> O aprendizado entre os Xavante é um processo que acontece ao longo de toda a vida, desde quando se é criança até a velhice. [...]
> As situações mais cotidianas são momentos de aprendizagem valorizados [...]. As crianças costumam caminhar livres pela aldeia acompanhando outras pessoas (sejam crianças, velhos ou adultos) em suas atividades e [...] nestas ocasiões [...] elas aprendem a identificar as regras que orientam sua sociedade.

Jeitos de aprender. Povos Indígenas no Brasil Mirim – Instituto Socioambiental (ISA). Disponível em: <https://pibmirim.socioambiental.org/como-vivem/aprender>. Acesso em: 14 set. 2017.

a. Em sua opinião, por que para as crianças indígenas é importante aprender com outras crianças e com os adultos?

b. Você já aprendeu algo acompanhando um adulto? Conte aos colegas.

4 Forme grupo com dois colegas para responder à questão: No estado onde vocês moram, há Terras Indígenas?

- Com a orientação do professor, vocês devem realizar uma pesquisa em publicações impressas ou digitais.

- Se a resposta for afirmativa, anotem no caderno os nomes dos povos e das Terras Indígenas e o ano do reconhecimento dos territórios.

CAPÍTULO 10
Da África para o Brasil

Grande parte da população brasileira é constituída por descendentes de africanos, isto é, afrodescendentes.

Por mais de trezentos anos, os portugueses trouxeram africanos à força para escravizá-los no Brasil. Como era a vida deles na África? O que faziam? Por que foram trazidos para cá?

> Ao mencionar a África e os africanos, lembramos logo dos escravos como homens e mulheres que, trazidos à força de suas terras, vieram para servir. Mas aquele não era apenas um continente [...] em que os europeus se arriscavam com o intuito de fazer mais e mais **cativos**. Havia na África muitas histórias. Histórias de homens, mulheres e crianças que nos foram trazidas pelos barcos que cruzaram o oceano Atlântico durante quatro longos séculos.

Cativo: escravo.

George French Angas. Representação de mulheres preparando bebida, próximas ao rio Tugela, 1849. Gravura. O rio Tugela fica no atual país África do Sul.

Kelly Cristina Araujo. *Áfricas no Brasil*. Ilustrações de Cristina Bottallo. São Paulo: Scipione, 2003. p. 7-8 (Série Diálogo na Sala de Aula).

▶ Do que você se lembra quando ouve falar sobre a África?

▶ O que você sabe sobre os africanos? Como você acha que eles vieram ao território onde hoje é o Brasil?

As sociedades africanas

A África é um grande continente com muitos povos, distribuídos atualmente por mais de cinquenta países. Cada povo tem sua língua, suas tradições e modo próprio de viver.

Contudo, há cerca de seiscentos anos não existiam países como os de hoje.

Alguns povos estavam organizados em pequenas aldeias e viviam da caça, da coleta ou de suas plantações; outros formavam impérios ou grandes reinos.

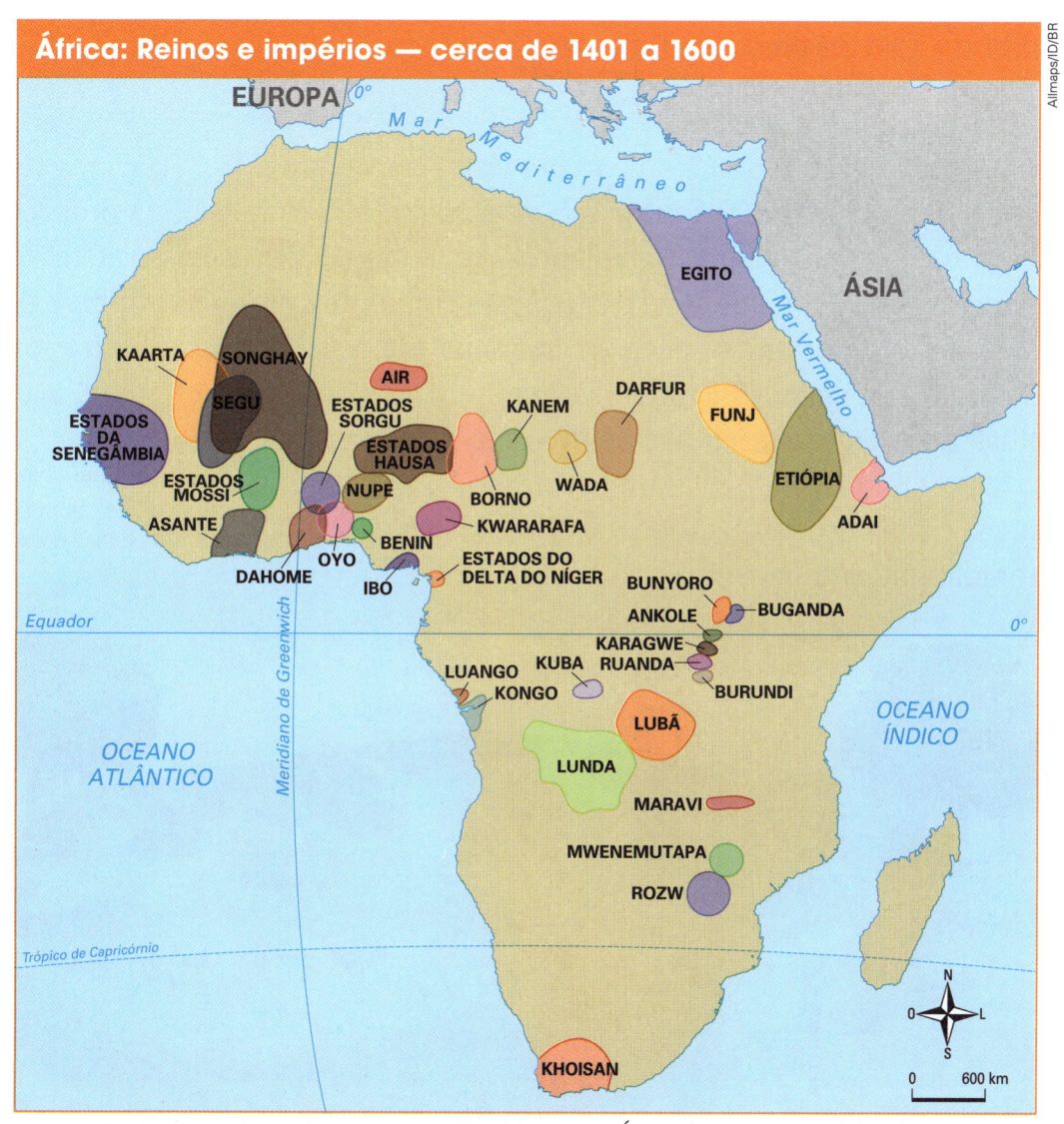

África: Reinos e impérios — cerca de 1401 a 1600

Fonte de pesquisa: Leila Leite Hernandez. *A África na sala de aula*: visita à história contemporânea. São Paulo: Selo Negro, 2005. p. 34.

1 Leiam os nomes dos reinos e dos impérios africanos no mapa acima. Depois, respondam: Vocês conhecem algum desses nomes que aparecem no mapa? Qual?

Alguns aspectos culturais

Cada povo africano tem características próprias, mas entre eles encontramos algumas semelhanças culturais. Por exemplo, o valor dado aos laços familiares e a fidelidade ao chefe da família.

Os reinos e impérios que aparecem no mapa da página 101 têm sua origem nos acordos estabelecidos entre as grandes famílias. Sob o comando de um líder, elas formaram as primeiras aldeias.

O líder era responsável por todos os que viviam na aldeia. Em troca, recebia parte do que era produzido. O texto a seguir conta um pouco sobre a moradia e a família de Okonkwo, um líder **Ibo**.

Ibo: povo nativo da África que hoje habita a atual Nigéria.

A prosperidade de Okonkwo era visível em seu lar. [...] [Havia] várias habitações rodeadas por um grosso muro de terra vermelha. Sua própria casa, ou *obi*, erguia-se imediatamente atrás da única porta existente no muro vermelho. Cada uma de suas três esposas tinha uma morada própria e o seu conjunto formava uma espécie de meia-lua por trás do *obi*. O **celeiro** fora construído de encontro a uma das extremidades do muro vermelho, e altas pilhas de inhame erguiam-se dentro dele [...]. No extremo oposto [...], havia um barracão [...] para os bodes, e cada esposa mandara construir, junto à sua morada, um galinheiro. [...]

Celeiro: construção onde se armazenam os produtos das colheitas.

Chinua Achebe. *O mundo se despedaça*. São Paulo: Ática, 1983. p. 22 (Coleção Autores Africanos).

2 Em sua opinião, todos os povos africanos se organizavam do mesmo modo que os Ibo? Explique.

Diversas religiões

As diferenças e semelhanças culturais entre os povos africanos também podem ser notadas por meio da religiosidade.

Acreditar em vários deuses, e não em apenas um, e consultar antepassados por meio de rituais são exemplos de semelhanças. Por outro lado, os rituais realizados por sacerdotes, **adivinhos** e pessoas encarregadas de curar doenças variam de povo para povo.

> **Adivinho:** pessoa que prevê o futuro ou desvenda as coisas ocultas, de acordo com as crenças de alguns povos e pessoas.

Antes da chegada dos europeus à África, a maior parte dos contatos culturais entre os povos africanos acontecia por meio do comércio. Ao negociar diferentes produtos, os povos se aproximavam e trocavam também ideias e hábitos.

🔍 Registros

Máscaras africanas

As máscaras são expressões culturais de alguns povos africanos. Elas podem ser feitas de madeira, barro, marfim, metais e outros materiais.

Geralmente, são usadas em cerimônias religiosas para representar os poderes que cada povo cultua, como deuses, animais, etc.

As características das máscaras, como o material de que são feitas, o estilo, o tipo de pintura e as formas utilizadas, podem indicar a região onde foi confeccionada e mostrar aspectos da cultura dos povos que as fizeram.

Máscara gueledé, do povo Iorubá, da Nigéria, feita de madeira por volta de 1930.

Máscara Kanaga, do povo Dogon, de cerca de 1940.

1 Você já usou uma máscara? Em caso afirmativo, conte aos colegas como foi a experiência. Se não usou, gostaria de usar? Qual máscara usaria e em qual ocasião?

Comércio

Os reinos e impérios africanos que aparecem no mapa da página 101 praticavam o comércio.

Geralmente, eles faziam trocas de produtos: ofereciam o que tinham em abundância e recebiam o que não produziam. Tecidos, **marfim**, sal, ouro, **búzios** e objetos de metal eram alguns dos artigos do rico e diversificado comércio africano.

> **Marfim:** material que forma as presas de alguns animais, como o elefante. Utilizado para fabricar joias, estátuas, entre outros.
> **Búzio:** concha pequena.

Thomas Baines. Representação de pessoas, no sul da África, carregando marfim para comercializar, de cerca de 1870. Gravura.

3 Como era o comércio praticado pela maioria dos povos africanos?

4 Quais dos produtos retratados na página 141 eram comercializados por diversos povos africanos há cerca de quinhentos anos? Destaque e cole abaixo as fotos desses produtos.

O comércio de africanos escravizados

Entre alguns povos africanos, havia o costume de escravizar os prisioneiros de guerra por um período de tempo após o fim do conflito. Há cerca de seiscentos anos, mercadores europeus também passaram a comercializar esses prisioneiros como escravizados.

Os mercadores portugueses traziam os cativos da África para o Brasil e os vendiam aos donos de engenhos e de minas. Em cerca de quatrocentos anos, estima-se que mais de 5 milhões de africanos foram trazidos para o Brasil.

Francis Meynell. *Navio Albatroz*, 1845. Aquarela sobre papel.

1 Observe o mapa abaixo. Depois, copie as frases a seguir no caderno, substituindo os símbolos pelas palavras do quadro.

| Salvador | Brasil | Rio de Janeiro | comércio | Recife |

Brasil e África: Comércio de africanos escravizados — 1501 a 1800

Fonte de pesquisa: Marina de Mello e Souza. *África e Brasil africano*. São Paulo: Ática, 2006. p. 82.

a. O mapa trata do ★ de africanos escravizados para o ★, nos anos de 1501 a 1800.

b. Habitantes de Benguela foram levados para o ★ e para o ★. Os habitantes de São Tomé e São Jorge da Mina foram levados para ★.

A escravização de africanos no Brasil

No Brasil, os africanos escravizados não tinham sua cultura e sua diversidade respeitadas. Muitas famílias foram separadas, pois as pessoas eram vendidas para donos diferentes.

Nos engenhos e nas minas, o trabalho era intenso. A alimentação e o lugar onde os escravizados viviam eram ruins. Muitos sofriam castigos físicos.

Nas cidades, os trabalhos eram um pouco diferentes. Além de serviços domésticos, muitos escravizados saíam às ruas para vender produtos e oferecer seus serviços, repassando parte do pagamento aos senhores.

Benedito Calixto. *Moagem da cana na Fazenda Caxeira em Campinas*, entre 1870 e 1920. Óleo sobre tela. Escravizados trabalhando na produção de açúcar.

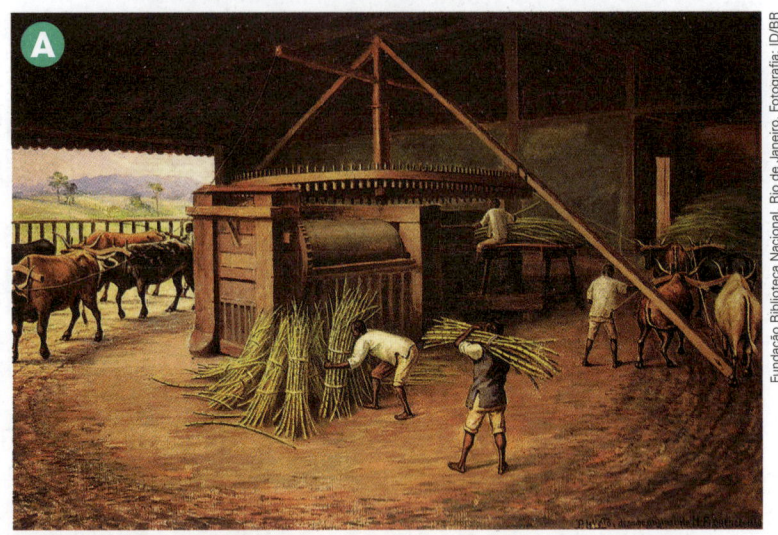

Apesar de todas as dificuldades, muitos africanos escravizados conseguiram construir novas famílias e fazer novos amigos.

Jean-Baptiste Debret. *Negros vendedores de aves*, cerca de 1835. Gravura aquarelada.

2 Observe as imagens desta página e responda às questões.

a. Que trabalho os africanos escravizados estão realizando em cada imagem?

b. Esses trabalhos ainda são realizados nos dias de hoje?

A resistência negra no Brasil

Homens e mulheres africanos resistiram e lutaram contra a escravidão de várias maneiras. Eles preservavam as danças, os costumes, as comidas e as festas de seu povo.

Mantinham suas crenças, mas como eram proibidos de praticar sua religião, associavam os deuses nos quais acreditavam aos santos da Igreja católica, que era a única religião permitida na colônia.

Muitos africanos e seus descendentes escravizados no Brasil fugiam dessa situação e formavam comunidades com organização e costumes semelhantes aos encontrados na África.

Essas comunidades eram chamadas de **quilombos**. Nelas, os africanos e seu descendentes se tornavam livres.

Oficialmente, a escravidão acabou no Brasil em 1888, mas até hoje os negros lutam pela igualdade e contra o **preconceito**.

Preconceito: ideia negativa sobre uma pessoa ou um grupo, elaborada sem conhecimento ou reflexão.

Carlos Julião. *Negras vendedoras*, cerca de 1776. Aquarela. Veja como as mulheres carregam as crianças. Mesmo longe da terra deles, os africanos procuravam manter seus costumes.

3 Quais foram as maneiras encontradas pelos africanos escravizados para resistir à escravidão? Com a orientação do professor, você e os colegas devem organizar uma lista na lousa.

Vamos ler imagens!

Estampas africanas

As legendas e os detalhes das fotos podem nos ajudar a conhecer melhor as sociedades fotografadas. Nesta página, você vai conhecer um exemplo disso.

Você já ouviu falar das **estamparias africanas**?

Essa arte, que consiste no tingimento e na elaboração dos desenhos que vão formar as estampas dos tecidos, faz parte da cultura de diversos povos do continente africano.

Usados para cobrir o corpo (como roupas) ou para forrar o chão e formar paredes (como tapetes e barracas), os tecidos estampados registram características dos povos que os produziram.

Observe a imagem abaixo.

Mulheres do povo Maasai durante cerimônia de boas-vindas em Nairóbi, Quênia – um país africano. Em destaque, à direita, detalhe da estampa que compõe a vestimenta de uma das mulheres. Foto de 2016.

Agora é a sua vez

1. Leia a legenda da foto e responda às questões.

   a. Qual povo africano a foto retrata? As pessoas fotografadas estão em que país?

   _____

   b. Qual é a data da foto? E qual é a ocasião apresentada?

   _____

   _____

2. Observe a estampa destacada e assinale os quadrinhos corretos.

   a. Quais cores aparecem na estampa?

   ☐ verde   ☐ amarelo   ☐ rosa
   ☐ vermelho   ☐ branco   ☐ laranja

   b. Que formas você reconhece na estampa?

   ☐ círculo   ☐ retângulo

   ☐ triângulo   ☐ losango

3. Forme grupo com dois colegas para observar a foto e realizar as atividades a seguir.

   a. Como são as pessoas que aparecem na foto? Façam a descrição indicando as seguintes características: gênero, penteado e objetos que fazem parte da vestimenta. Anotem as respostas no caderno.

   b. Vocês já viram alguma estampa parecida no Brasil? Com a ajuda do professor, pesquisem em publicações, impressas ou digitais, imagens de estampas inspiradas nessa arte africana. Compartilhem as imagens pesquisadas com os colegas.

Aprender sempre

1 Sobre o comércio no continente africano, responda às questões.

　a. Quais eram as principais mercadorias comercializadas pelos povos africanos?

　_____

　b. Que mercadorias os europeus trocavam por pessoas escravizadas?

　_____

2 Em alguns países africanos, a língua oficial é o português. Observe o mapa.

África: Países onde se fala português — 2016

Legenda: Países de língua portuguesa

Fonte de pesquisa: Comunidade dos Países de Língua Portuguesa (CPLP). Disponível em: <http://www.cplp.org/Files/Billeder/cplp/bandeiras/Mapa_CPLP.jpg>. Acesso em: 15 set. 2017.

　a. Em quais desses países era realizado o comércio de escravizados no passado?

　b. Como a língua portuguesa chegou a esses países? Levante hipóteses e converse com os colegas e o professor.

3 Leia, a seguir, o trecho de uma notícia de jornal de 1849.

> No dia 19 do corrente [março de 1849] um grande grupo de escravos armados invadio a igreja da povoação do Queimado na occasião em que se celebrava [...] Missa, e em gritos proclamava sua liberdade[...].

A Gazeta, 21 nov. 2004, p. 11. Instituto Jones dos Santos Neves. Reprodução de notícia publicada no jornal *Correio da Victoria*, 21 mar. 1849. Mantida a grafia original. Disponível em: <http://www.ijsn.es.gov.br/ConteudoDigital/20160916_aj11359_patrimoniohistrico_geral.pdf>. Acesso em: 15 set. 2017.

■ Esse texto pode ser considerado um documento histórico? Por quê?

_____

_____

4 Observem a foto abaixo e completem a frase a seguir. Depois, leiam a frase para os colegas.

O jongo é uma dança afro-brasileira que influenciou o samba. Ao lado, apresentação de jongo do grupo Tambores de Angola e Filhos da Mãe Preta, em Valença, Rio de Janeiro. Foto de 2015.

■ A diversidade cultural, de gosto, de opinião, de jeito de ser é importante porque...

_____

_____

_____

_____

cento e onze **111**

CAPÍTULO 11

Outros povos que vieram ao Brasil

Ao longo dos últimos duzentos anos, pessoas sozinhas ou famílias inteiras vieram de diferentes países da Europa, da Ásia e, mais recentemente, da América e da África para o Brasil. Chamamos de imigrantes as pessoas que se mudam de um país para o outro. Leia, a seguir, o relato de uma imigrante.

> Meu nome é Clarisse Diniz Paiva, em 30 do **três** de 1933 eu nasci numa aldeia de Portugal, uma aldeia muito pequena chamada Vila Meã [...]. Meus pais trabalhavam no campo [...]. Quando eu saí da escola, com 12 anos, eu já comecei a trabalhar pra ajudar em casa, porque nós éramos uma família pobre. [...] Quando comecei a pensar em trabalhar mais para ganhar a vida, foi nessa época que meu tio falou [...] se eu queria vir com eles para o Brasil [...]. Vim num navio enorme. Era um navio inglês antigo [...]. Fui trabalhar numa padaria. [...]. Fiquei uns meses ali. Depois, [...] minha tia tinha duas sobrinhas [...] [que] trabalhavam numa fábrica de [...] colchas de cama [...]. Então elas me arrumaram serviço nessa fábrica de colchas, pra eu ir trabalhar lá [...]. Cheguei aqui, minha filha, com o meu trabalho, com o meu suor e paguei a passagem para os meus tios, tudinho, tudinho, mandei dinheiro para os meus pais.

Três: no texto, refere-se ao mês de março.

Relato de Clarisse Diniz Paiva. Museu da Pessoa, 1º dez. 2013. Disponível em: <http://www.museudapessoa.net/pt/conteudo/historia/em-terras-alem-mar-52603>. Acesso em: 9 jan. 2017.

▷ Onde e quando ela nasceu?

▷ Como ela veio para o Brasil? Por que ela veio para cá?

▷ Quantos anos ela tinha ao realizar o relato?

▷ Atualmente, crianças de 12 anos podem trabalhar?

Quem eram os imigrantes

A partir dos anos 1800, o Brasil recebeu imigrantes de muitos outros países. Além de portugueses, como a imigrante que fez o relato que você leu, vieram também alemães, japoneses, espanhóis, italianos, chineses, angolanos, árabes, etc.

Eles saíram de sua terra em busca de oportunidades de trabalho e também para fugir de guerras, perseguições ou de alguma catástrofe natural, como terremotos ou enchentes.

Os diferentes grupos de imigrantes trouxeram para o Brasil costumes, festas, músicas, literatura, danças, crenças, entre outras manifestações culturais. Observe o mapa.

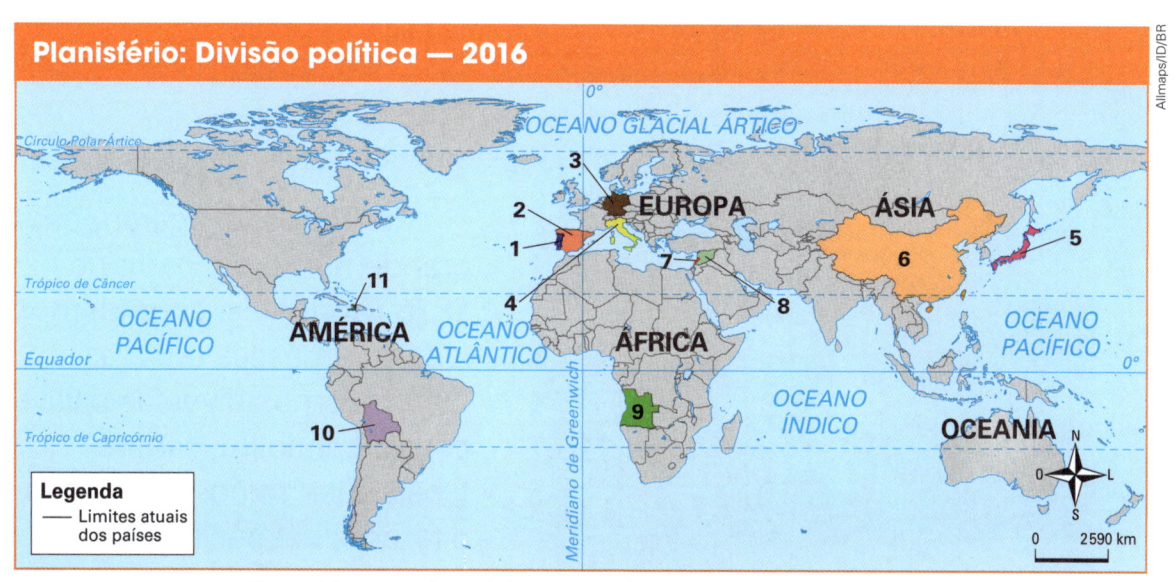

Planisfério: Divisão política — 2016

Fonte de pesquisa: *Atlas geográfico escolar*. Rio de Janeiro: IBGE, 2016. p. 32.

1 Nesse mapa, estão destacados alguns países de onde vieram mais imigrantes para o Brasil nos últimos duzentos anos. Consulte um atlas geográfico e escreva na tabela ao lado o nome do país que corresponde a cada número.

Países de onde vieram mais imigrantes para o Brasil	
1. _____	7. _____
2. _____	8. _____
3. _____	9. _____
4. _____	10. _____
5. _____	11. _____
6. _____	

Imigrantes europeus

Vamos conhecer alguns grupos de imigrantes que vieram da Europa.

Portugueses: um grupo grande desses imigrantes chegou em 1890 e 1910. A cozinha brasileira tem muita influência dos portugueses, como o modo de preparar os alimentos e os temperos usados. Azulejos pintados e mosaicos feitos de pedras também são de origem portuguesa.

Família de imigrantes portugueses. Foto de cerca de 1910.

Italianos: chegaram em grande número a partir de 1870. Com eles, aprendemos a comer massas e *pizzas*. Incorporamos diversas palavras como: bandolim, cantina, tchau. Eles também trouxeram diferentes espécies de uva e técnicas de cultivo e de produção de vinho.

Família de imigrantes italianos. Foto de cerca de 1910.

Espanhóis: vieram em grande número desde 1810. A partir de 1930, muitos imigrantes espanhóis desembarcaram aqui para trabalhar nas cidades como sapateiros, carpinteiros e mecânicos. Com eles, adquirimos o hábito de comer grãos, como a ervilha e o grão-de-bico.

Família de imigrantes espanhóis. Foto de 1952.

Alemães: começaram a chegar a partir de 1824. Eles se estabeleceram, principalmente, nos atuais estados do Rio Grande do Sul, do Paraná e de Santa Catarina.

O hábito de comer salsicha e outros tipos de frios, além de pratos feitos com a carne de porco, foi introduzido por eles no Brasil.

Família de imigrantes alemães. Foto de cerca de 1900.

2 Os alimentos retratados nas fotos abaixo são atualmente consumidos por muitos brasileiros. Escreva o nome dos povos que trouxeram esse costume para o Brasil.

a. Grão-de-bico

b. Uva itália

c. Joelho de porco assado

d. Bacalhau

cento e quinze **115**

Imigrantes da Ásia

O Brasil começou a receber números significativos de imigrantes da Ásia a partir de 1890. Conheça dois importantes grupos.

Árabes: vieram sobretudo do Líbano e da Síria, a partir de 1890. A maioria foi trabalhar no comércio. Esse grupo está presente em todo o Brasil. Seus alimentos mais conhecidos são esfirra, pão sírio e quibe.

Atualmente, há um grande fluxo de imigrantes sírios para o Brasil. Muitas famílias sírias chegam ao nosso país fugindo da guerra civil que começou em 2011. Essas famílias são consideradas **refugiadas**.

Família de imigrantes libaneses. Foto de cerca de 1900.

Refugiado: imigrante que fugiu de seu país em busca de um lugar seguro. O refugiado deixa seu país de origem por sofrer com situações que põem sua vida em risco, como guerras e catástrofes naturais (terremotos, furacões, etc.).

Japoneses: começaram a chegar em 1908 para trabalhar no campo, principalmente nas lavouras de café. Com os japoneses aprendemos a comer broto de feijão e a usar molho de soja. Em suas chácaras, eles desenvolveram muitas variedades de verduras, legumes e frutas. Também trouxeram para o Brasil a arte do *origami* (dobradura de papel).

Família de imigrantes japoneses. Foto de cerca de 1910.

3 Você já experimentou alguma comida de origem japonesa ou árabe? Em caso afirmativo, conte como foi essa experiência.

Imigrantes da África e da América

Ainda hoje, a busca por uma vida melhor move famílias de países africanos, como Angola, e americanos, como Bolívia e Haiti, ao Brasil.

Imigrantes angolanos durante aula no município de São Paulo. Foto de 2015.

Angolanos: começaram a chegar em grande número a partir da década de 1990, fugindo de perseguições políticas e para estudar nas universidades. Atualmente, formam uma das maiores comunidades de imigrantes africanos no Brasil.

Bolivianos: inicialmente, vinham para estudar nas universidades e trabalhar como médicos, engenheiros, etc. A partir da década de 1980, esse perfil mudou e muitas famílias bolivianas começaram a vir para trabalhar em oficinas de confecção de roupas, sobretudo em São Paulo.

Imigrantes bolivianos durante evento no município de São Paulo. Foto de 2016.

Imigrante haitiano no município de São Paulo. Foto de 2015.

Haitianos: a partir de 2010, ano em que o Haiti sofreu um terremoto, nosso país começou a receber muitos haitianos. Em 2016, o Haiti foi atingido por um furacão. Isso impulsionou a vinda de um novo grupo de haitianos para o Brasil.

4 No município onde você vive, há algum desses grupos de imigrantes? Explique.

Pessoas e lugares

Crianças refugiadas, estudantes em São Paulo

Como você estudou, parte dos imigrantes que chega ao Brasil é formada por famílias refugiadas. Geralmente, elas estão fugindo de países em guerra ou que sofreram catástrofes naturais. Em busca de uma vida melhor, elas abandonam seus bens, como a moradia, e partem para outros países.

No Brasil, os refugiados são protegidos pelo **Estatuto dos Refugiados**. Em muitos casos, recebem ajuda financeira do governo, documentos, abrigo e aulas de português para que consigam se adaptar ao nosso país.

Dessa forma, os adultos refugiados podem começar a trabalhar e as crianças podem se matricular em escolas brasileiras. Saiba como crianças refugiadas da Síria são recebidas na Escola Municipal de Ensino Fundamental Duque de Caxias, no município de São Paulo.

Na Escola Municipal de Ensino Fundamental Duque de Caxias, no município de São Paulo, os estudantes refugiados da Síria são muito bem recebidos. Na imagem, estudante síria (à esquerda) e colega brasileira realizam atividade em dupla. Foto de 2016.

O apoio de colegas e professores é muito importante para crianças refugiadas. Esse contato ajuda os imigrantes a conhecer melhor nossa cultura, fazer amigos, etc. Nessa foto, de 2016, menina síria (ao centro) estudando em grupo com colegas de turma.

As crianças refugiadas matriculadas nessa escola frequentam as mesmas aulas que as crianças brasileiras, além de receber reforço na área de língua portuguesa. Na imagem, menina síria (à esquerda) brincando com colegas brasileiras na escola. Foto de 2016.

1. Em sua opinião, por que é importante que as crianças refugiadas frequentem a escola?

2. Você faz parte de uma família de refugiados? Na escola em que você estuda há alunos nessa situação? Conte sua experiência.

3. Imagine que, na próxima semana, sua turma vai receber um colega que veio de outro país. O que vocês fariam para recepcioná-lo? Com a orientação do professor, façam uma lista coletiva na lousa.

Aprender sempre

1 Observem o gráfico e respondam às questões.

Brasil: Crianças imigrantes de 7 a 12 anos — 1908 a 1936

Número de crianças

(gráfico de barras com as categorias: Alemãs, Espanholas, Italianas, Japonesas, Portuguesas, Sírias, Outras nacionalidades)

Fonte de pesquisa: 100 anos da chegada dos japoneses ao Brasil. *Ciência Hoje das Crianças*, n. 192, p. 6, jul. 2008.

a. O que o gráfico apresenta?

_____

b. No período representado no gráfico, a maioria das crianças imigrantes era de qual nacionalidade?

_____

c. Imaginem que vocês vieram ao Brasil como imigrantes na época apresentada no gráfico. As pessoas responsáveis por vocês permitiriam que vocês brincassem com as crianças de famílias vizinhas?

• Como seria essa experiência? De que forma vocês se comunicariam? Do que brincariam?

2 Observe as fotos e leia as legendas.

Imigrantes bolivianos comemoram o dia da independência da Bolívia no município de São Paulo. Foto de 2016.

Exibição de dança típica japonesa durante evento em Londrina, Paraná. Foto de 2014.

- As imagens mostram diferentes manifestações culturais de imigrantes no Brasil. Em sua opinião, por que é importante respeitar as diferentes culturas?

3 No estado onde você mora, há influências de imigrantes? Siga as orientações a seguir para produzir um mapa ilustrado.

- Identifique o estado onde está seu município no mapa do Brasil da página 143. Ligue-o aos quadros ao redor do mapa.

- Pesquise as influências dos imigrantes em seu estado e preencha os quadros com imagens que representem essas influências.

- Com a orientação do professor, destaque e exponha seu mapa no mural da sala de aula.

República Imigrante do Brasil
Disponível em: <http://super.abril.com.br/multimidia/republica-imigrante-brasil-683294.shtml>. Acesso em: 24 fev. 2017.

Nesse *link*, há um infográfico produzido pela revista *Superinteressante* com informações sobre os imigrantes que vieram para o Brasil a partir de 1890.

CAPÍTULO 12

Diversidade cultural no Brasil

Tanta diversidade de povos, em nosso país, só poderia resultar em uma cultura rica: a cultura brasileira, com seus contos, lendas, culinária, danças, músicas, festas, artesanato, práticas religiosas, ideias e modos de viver.

Observe estas fotos que retratam o artesanato brasileiro.

A Artesã tecendo renda em Natal, Rio Grande do Norte. Foto de 2015.

B Bonecos de barro de Caruaru, Pernambuco. Foto de 2014.

C Tambores usados nos festejos em Ouro Preto, Minas Gerais. Foto de 2015.

D Cestos do povo Kaingang, de Tamarana, Paraná. Foto de 2016.

▷ Você já tinha visto objetos como os das fotos? Como eles são utilizados? Em que situações você acha que é possível encontrar esses objetos?

▷ No município onde você mora, há artesãos, ou seja, pessoas que fazem objetos à mão, como esses? Em caso afirmativo, o que eles produzem? Você conhece esses artesãos?

▷ Em sua opinião, qual é a importância desses objetos para a cultura brasileira?

Heranças

A cultura brasileira tem influências de muitos povos. Agora, vamos estudar manifestações culturais atuais que mostram essas diferentes influências.

Lendas e mitos indígenas

As lendas populares e os mitos indígenas são histórias que explicam o passado e a origem de tudo o que existe.

Cada povo indígena possui mitos próprios que são passados aos mais novos pelos mais velhos. O mito a seguir faz parte da cultura do povo Sateré-Mawé, do Amazonas.

> [...] Um casal de [...] Maués vivia por muitos anos sem ter filhos e desejava muito ter pelo menos uma criança.
>
> Um dia, eles pediram a Tupã uma criança para completar sua felicidade. Tupã, o rei dos deuses, sabendo que o casal era cheio de bondade, lhes atendeu o desejo trazendo a eles um lindo menino. [...]
>
> Um dia o menino foi coletar frutos na floresta e Jurupari se aproveitou da ocasião [...]. Ele se transformou em uma serpente venenosa e mordeu o menino, matando-o [...].
>
> A triste notícia espalhou-se rapidamente. Nesse momento, trovões ecoaram na floresta e fortes relâmpagos caíram pela aldeia.
>
> A mãe, que chorava em desespero, entendeu que os trovões eram uma mensagem de Tupã, dizendo que ela deveria plantar os olhos da criança e que deles uma nova planta cresceria dando saborosos frutos.
>
> Os índios obedeceram ao pedido da mãe e plantaram os olhos do menino. Nesse lugar, cresceu o guaraná, cujas sementes são negras [...], imitando os olhos humanos.

Jurupari: de acordo com os Sateré-Mawé, é um espírito que vaga pela floresta. Tem o corpo peludo, como um morcego, e bico de coruja.

Frutos do guaraná.

Lenda do guaraná. Leitura para Todos, jun. 2012. Disponível em: <https://www.ufmg.br/cienciaparatodos/wp-content/uploads/2012/06/leituraparatodos/Textos-Leitura-Etapa-3-e-4/e34_62-lendadoguarana.pdf>. Acesso em: 24 fev. 2017.

1 Você já experimentou algum alimento feito com guaraná? Em caso afirmativo, qual? Você gostou?

Cordel e poesia popular: influências portuguesas

Você já ouviu falar em cordel?

São histórias em versos sobre pessoas famosas, fatos acontecidos ou imaginados, aventuras. Essas histórias são escritas por poetas populares.

Esse tipo de literatura foi trazido pelos portugueses e é comum na **Região Nordeste**. No Brasil, recebeu esse nome porque os livretos ficam pendurados em cordões nas feiras.

Os versos a seguir foram escritos pelo cordelista Arievaldo Viana e falam sobre o cordel.

Livros de cordel à venda na Nova Feira de São Cristóvão, no município do Rio de Janeiro. Foto de 2014.

Região Nordeste: formada pelos estados de Alagoas, Bahia, Ceará, Maranhão, Paraíba, Pernambuco, Piauí, Rio Grande do Norte e Sergipe.

Vovó, que amava cordel,
Tinha sensibilidade.
Só entrava em sua mala
Poeta de qualidade.
Lia, antes de comprar,
Duas páginas pra sondar
Se era bom de verdade.

José Costa Leite. *Casal de cantadores*, 2006. Gravura. Os cantadores são poetas populares que cantam seus versos escritos ou improvisados.

José Costa Leite. *Embolador*, 2006. Gravura. O embolador é um poeta popular que declama seus versos de modo improvisado.

Arievaldo Viana. *Acorda cordel na sala de aula*. 2. ed. Fortaleza: Gráfica Encaixe, 2010. p. 11.

2 Em sua opinião, que diferenças há entre cordelistas, cantadores e emboladores?

3 Que instrumentos musicais são usados por cantadores e emboladores?

Capoeira: influência africana

A capoeira é uma mistura de esporte, luta, dança e brincadeira. Os movimentos dos capoeiristas são acompanhados por canções e pelo som de berimbaus, pandeiros e tambores.

Criada pelos africanos escravizados trazidos para o Brasil, a capoeira tem influência de danças, ritmos e músicas dos povos da África. Foi um modo de os africanos escravizados manterem viva a cultura de seu lugar de origem e de resistirem à escravização. Observe as imagens.

Johann Moritz Rugendas. *Jogar capoeira*, cerca de 1835. Gravura colorizada à mão.

Roda de capoeira em Araruama, Rio de Janeiro. Foto de 2015.

4 Comparem as imagens. Que diferenças e semelhanças há entre elas? Anotem as observações no caderno.

Festas e ritmos

Você conhece alguma festa popular? E ritmos populares do Brasil? Existem muitas festas e diversos ritmos.

Há as festas **regionais** e aquelas comemoradas em várias partes do país, com algumas diferenças de um lugar para outro. Os ritmos também apresentam essas características.

Regional: que pertence a uma região ou é próprio dela.

Essa diversidade é fruto da mistura das culturas portuguesa, indígena, africana e de imigrantes das mais diferentes origens. O texto a seguir trata desse processo.

[...] Com o passar do tempo, os rituais antigos foram sendo transmitidos de geração em geração, de um país para outro.
E foi assim que as festas populares africanas e europeias chegaram ao Brasil e se misturaram aos costumes indígenas.

Nereida Schilaro Santa Rosa. *Festas e tradições*. São Paulo: Moderna, 2001. p. 5.

1 Na escola onde você estuda, são realizadas festas comemorativas? Sua família e seus vizinhos costumam participar de festas populares? Anote o nome dessas festas e, depois, troque de livro com um colega e leia o que ele anotou. Há festas em comum?

_____

_____

Biblioteca de Ritmos
Disponível em: <http://www.bibliotecaderitmos.com.br/ritmos/congada/>. Acesso em: 12 jan. 2017.

Nesse *site*, é possível encontrar registros, como áudios e vídeos, de diversos ritmos musicais brasileiros. Eles estão organizados por local de origem, local de ocorrência e instrumentos, entre outros itens.

Festas populares no Brasil

Nesta página e na próxima, você vai conhecer algumas festas brasileiras e seus ritmos e danças.

Folia de Reis

A Folia de Reis é uma festa de origem portuguesa. Celebra o nascimento de Jesus e a viagem dos reis magos para visitá-lo. É realizada em vários lugares do Brasil, incorporando elementos das culturas locais.

Folia de Reis em Belo Horizonte, Minas Gerais. Foto de 2014.

Congada

A festa da congada representa a coroação dos reis do Congo, antigo reino na África. Em sua comemoração, porém, há elementos da cultura europeia, como São Benedito e Nossa Senhora do Rosário, santos da Igreja católica.

Congada da Barra do Jucu, em Vila Velha, Espírito Santo. Foto de 2014.

Frevo

O frevo é uma dança do Carnaval pernambucano. Surgiu de uma mistura de danças europeias, como a polca, e marchas militares. Seu nome teve origem na palavra "ferver".

Dançarinos de frevo durante apresentação no Carnaval em Olinda, Pernambuco. Foto de 2014.

Festa do Divino

A Festa do Divino, de origem portuguesa, é uma comemoração religiosa. Durante os festejos, diversos grupos fazem apresentação de danças, bandeiras e tambores.

Procissão da Festa do Divino em São Luiz do Paraitinga, São Paulo. Foto de 2015.

Festas juninas

As festas juninas celebram três santos da Igreja católica. As quadrilhas, comuns nessas festas, originaram-se de danças europeias.

Apresentação de quadrilha durante festa junina em Campina Grande, Paraíba. Foto de 2015.

Festa da uva

Muitas festas foram trazidas por imigrantes. A festa da uva é organizada pelas comunidades de origem italiana, para celebrar a colheita da uva.

Festa da uva em Caxias do Sul, Rio Grande do Sul. Foto de 2016.

Ano-Novo chinês

As comunidades orientais no Brasil também celebram datas importantes de seus países de origem. Um exemplo é a comemoração do Ano-Novo chinês.

Festa do Ano-Novo chinês no município de São Paulo. Foto de 2015.

Registros

Instrumentos musicais

Os instrumentos musicais são objetos utilizados para produzir música. Diferentes povos criaram diversos instrumentos ao longo do tempo. Por isso, esses objetos são importantes fontes históricas.

Os instrumentos musicais utilizados para produzir os ritmos brasileiros mostram as influências de diversos povos, como indígenas, africanos, europeus e asiáticos, na cultura do Brasil.

Pandeiro, instrumento trazido ao Brasil por europeus e africanos.

Viola, instrumento que chegou ao Brasil com os povos europeus.

Sanfona, instrumento introduzido no Brasil por imigrantes europeus.

Reco-reco, instrumento que chegou ao Brasil com os povos africanos.

Maracá, um tipo de chocalho de origem indígena.

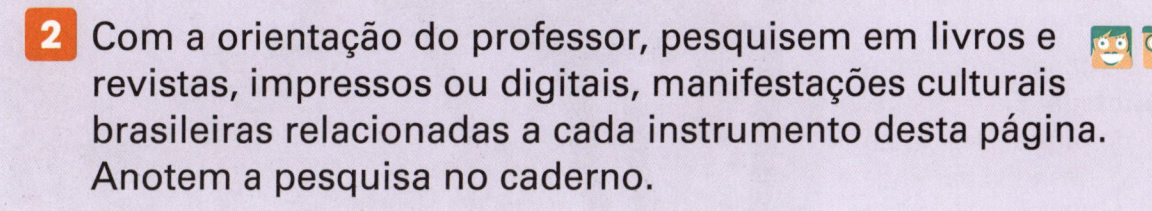

1 Quais dos instrumentos acima você conhece? Contorne-os.

2 Com a orientação do professor, pesquisem em livros e revistas, impressos ou digitais, manifestações culturais brasileiras relacionadas a cada instrumento desta página. Anotem a pesquisa no caderno.

Vamos ler imagens!

Rendeiras nordestinas

Por meio de imagens, podemos perceber características dos costumes de uma comunidade. Fotos e pinturas podem registrar o modo como diversos povos realizam as atividades cotidianas.

É o caso das rendeiras da Região Nordeste. Observe, abaixo, dois registros sobre o modo como essas artesãs trabalham.

A

Helena Coelho. *Rendeiras de bilro*, 2004. Óleo sobre tela. Existem vários tipos de renda. Nessa imagem, observa-se o trabalho de produção da renda de **bilro**, uma técnica de origem portuguesa.

Bilro: instrumento de madeira utilizado para fazer um tipo de renda.

B

Artesã fazendo renda de bilro em Raposa, Maranhão. Foto de 2016. É possível ver um pedaço de papel pardo sobre a **almofada**. Ele é chamado de **pique**. Nele, está o desenho da renda a ser feita.

Agora é a sua vez

1 Preencha os quadrinhos abaixo com a letra de cada imagem, de acordo com o tipo de representação das rendeiras.

☐ Gravura.   ☐ Escultura.

☐ Pintura.   ☐ Foto.

2 De acordo com as imagens **A** e **B**, quais objetos do quadro abaixo são utilizados pelas rendeiras? Contorne-os.

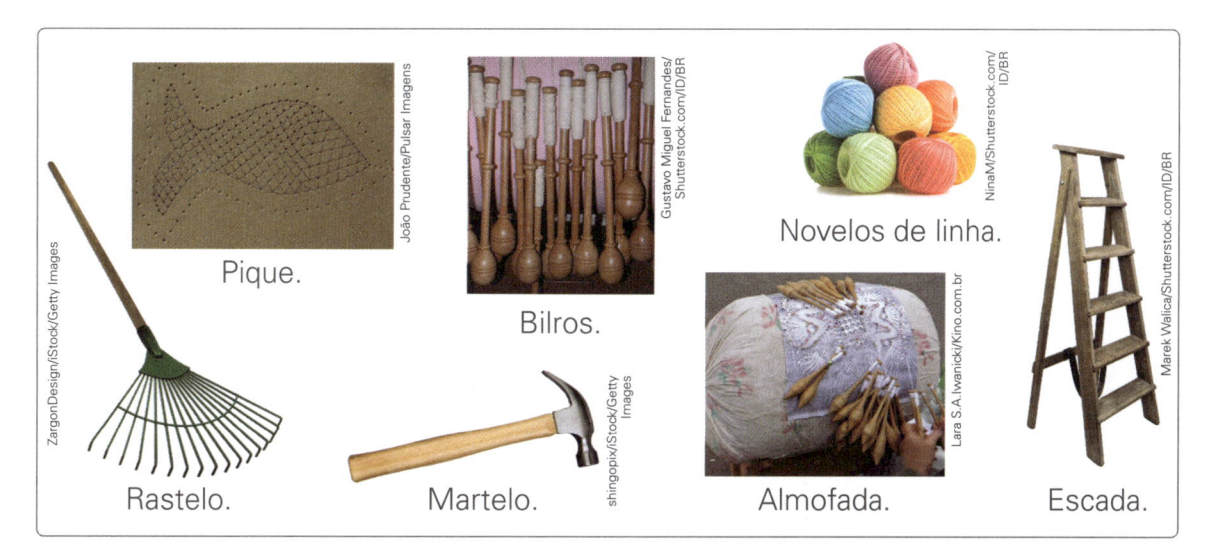

Pique. Bilros. Novelos de linha. Rastelo. Martelo. Almofada. Escada.

3 Qual destas duas imagens representa melhor o resultado do trabalho das rendeiras? Marque com um **X**.

4 Em sua casa, há algum objeto feito de renda? Pergunte aos adultos que moram com você e, se houver, peça para ver esse objeto. Depois, conte aos colegas.

cento e trinta e um **131**

Aprender sempre

1 A imagem ao lado é uma representação da criação do mundo de acordo com os Kayapó, povo indígena que vive nos estados do Mato Grosso e Pará. Observe-a e responda às questões.

a. Que elementos aparecem nessa imagem?

_____

_____

Tàkàkàn Pruma Kayapó. Ilustração da criação do mundo, 1988.

Fonte: ISA/MEC (Org.). Geografia Indígena. 1996

b. Esses elementos são importantes em sua vida? Explique.

c. Em sua opinião, esses elementos são importantes para os Kayapó? Por quê?

2 Leia estes versos de cordel.

> Pra começar dar valor
> A nossa identidade,
> Ao nosso potencial,
> [...]
> Só assim vamos dizer:
> Temos a felicidade...
>
> De uma cultura valiosa
> Em danças, mitos, lazer
> Teatro, artesanato,
> Música, arte plástica, saber
> [...]
> Temos muito a oferecer.

Francisco Diniz. Viagem no trem da cultura. Em: Projeto Cordel, 8 mar. 2007. Disponível em: <http://www.projetocordel.com.br/novo/o_trem_da_cultura.htm>. Acesso em: 12 jan. 2017.

a. Copie os versos em uma folha avulsa e faça um desenho para ilustrá-los. Lembre-se de anotar seu nome na folha. Com a orientação do professor, afixe seu desenho no mural da sala de aula, para que os colegas possam vê-lo. Depois, observe os desenhos feitos pelos colegas.

b. Em sua opinião, por que é importante valorizar nossa cultura?

3 Descubra a qual festa corresponde cada trecho a seguir. O nome das festas está nos quadros abaixo.

- Congada
- Festa do Divino
- Folia de Reis
- Festa junina
- Carnaval pernambucano

Agora vamos pegar o caminho da roça!
A ponte quebrou!
Já consertou!
Olha a cobra!
É mentira!
Tradição oral.

São levantados os mastros!
Viva São Benedito!
Viva Nossa Senhora do Rosário!
Tradição oral.

Eu frevo, tu freves, ele freve!
Ferva o samba, minha gente!
Tradição oral.

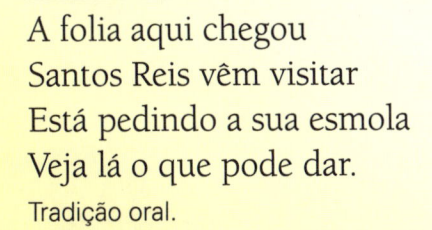

A folia aqui chegou
Santos Reis vêm visitar
Está pedindo a sua esmola
Veja lá o que pode dar.
Tradição oral.

Andamos de porta em porta
De todos os moradores
Pra festejar o Divino
Cobri-lo todo de flores.
Tradição oral.

4 Qual é a festa que você mais gosta de comemorar com os familiares? Por quê?

5 E das festas regionais, qual é sua preferida? Por quê?

Sugestões de leitura

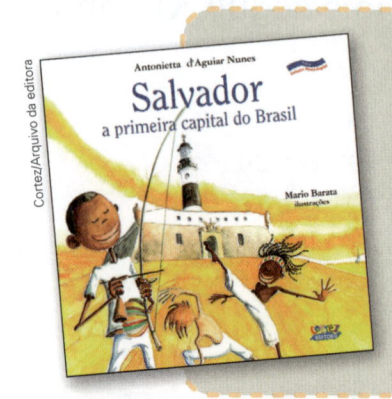

Salvador: a primeira capital do Brasil, de Antonietta d'Aguiar Nunes. Ilustrações de Maria Barata. Editora Cortez (Coleção Nossa Capital).
Escrito e ilustrado por autores baianos, esse livro apresenta a história de Salvador, destacando os principais marcos históricos da atual capital da Bahia e as transformações pelas quais o município passou ao longo do tempo.

Cadê a água do mestre Aleijadinho?, de Fernando A. Pires. Editora Formato.
Aprofunde seus conhecimentos sobre a vida e a obra do artista Antonio Francisco Lisboa, o Aleijadinho, por meio da leitura desse livro. Lançado em 2014, em homenagem aos 200 anos da morte do artista, o livro narra as descobertas do menino José Filismino ao percorrer o conjunto de esculturas dos 12 profetas no Santuário Bom Jesus de Matosinhos, em Minas Gerais.

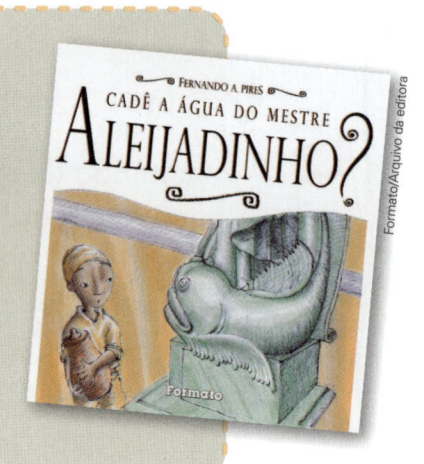

De braços para o alto, de Drauzio Varella. Ilustrações de Cárcamo. Editora Companhia das Letrinhas.
Conheça as aventuras de um garoto da cidade que, aos sete anos de idade, vai passar as férias em uma fazenda. Lá, ele descobre passatempos, brincadeiras e histórias e faz novos amigos.

Entre neste livro: a Constituição para crianças, de Liliana Iacocca e Michele Iacocca. Editora Ática.
Esse livro traz textos bem-humorados sobre os artigos da Constituição de 1988. Ao "entrar" nessa obra, você vai conhecer melhor os direitos e deveres dos cidadãos brasileiros e as leis que protegem crianças e adolescentes.

Brasil-lendário, de Fátima Miguez. Ilustrações de Suppa. Editora DCL (Coleção Brasil em Letras e Cores).

Nesse livro, a autora apresenta diferentes lendas e mitos que fazem parte da cultura brasileira. Obras de arte feitas desde o período colonial até os dias atuais acompanham as lendas.

Jongo, de Sonia Rosa. Ilustrações de Rosinha Campos. Editora Pallas (Coleção Lembranças Africanas).

Uma das expressões da cultura afro-brasileira é o jongo. Esse livro conta a história desse ritmo, que mistura música, dança e risadas. Criada pelos africanos escravizados no Brasil e seus descendentes, essa expressão musical contribuiu para o surgimento do samba.

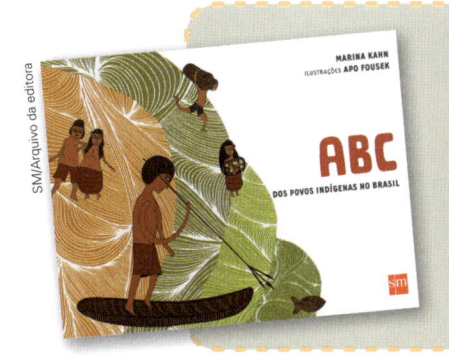

ABC dos povos indígenas no Brasil, de Marina Kahn. Ilustrações de Apo Fousek. Edições SM.

Aprofunde seus conhecimentos sobre as diferentes culturas dos povos indígenas do Brasil. Nessa obra, são abordados vários aspectos culturais desses povos, como pinturas corporais, festas e cerimônias, vestimentas, idiomas, etc.

Foi vovó que disse, de Daniel Munduruku. Ilustrações de Graça Lima. Editora Edelbra.

Como você estudou, as histórias e os mitos dos povos indígenas são passados aos jovens pelos mais velhos. Esse livro reúne algumas dessas narrativas que trazem, a cada membro da comunidade, o conhecimento sobre as tradições e os costumes de seu povo.

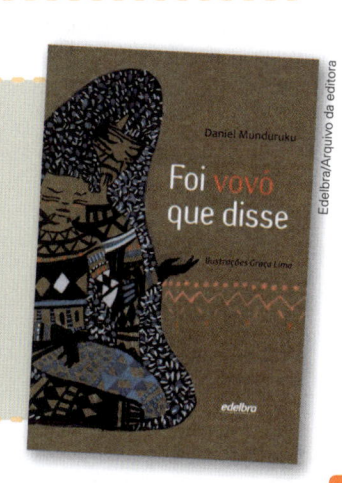

Bibliografia

ACHEBE, Chinua. *O mundo se despedaça*. São Paulo: Ática, 1983 (Coleção Autores Africanos).

ARAUJO, Kelly Cristina. *Áfricas no Brasil*. São Paulo: Scipione, 2003.

AYALA, Marcos; AYALA, Maria Inês Novais. *Cultura popular no Brasil*. 2. ed. São Paulo: Ática, 2003.

BITTENCOURT, Circe (Org.). *O saber histórico em sala de aula*. São Paulo: Contexto, 1997.

_____. *Ensino de história*: fundamentos e métodos. 4. ed. São Paulo: Cortez, 2011 (Coleção Docência em Formação – Ensino Fundamental).

BLOCH, Marc. *Apologia da história ou o ofício de historiador*. Rio de Janeiro: Jorge Zahar, 2002.

BRASIL. Ministério da Educação. *Geografia indígena*: Parque Indígena do Xingu/Instituto Socioambiental. Brasília: MEC/SEF/DPEF, 1988.

_____. Ministério da Educação. Secretaria de Educação Básica. *Base nacional comum curricular*: educação é a base. Brasília: MEC, 2017. Disponível em: <http://basenacionalcomum.mec.gov.br/wp-content/uploads/2018/04/BNCC_19mar2018_versaofinal.pdf>. Acesso em: 12 abr. 2018.

_____. Ministério da Educação. Secretaria de Educação Fundamental. *Parâmetros curriculares nacionais*: história. Brasília: MEC/SEF, 1997.

BURKE, Peter (Org.). *A escrita da história*: novas perspectivas. 2. ed. São Paulo: Ed. da Unesp, 2011.

CARNIER JR., Plínio. *Imigrantes*: viagem, trabalho, integração. São Paulo: FTD, 2000.

CASTANHA, Marilda. *Agbalá*: um lugar continente. São Paulo: Cosac Naify, 2011.

_____. *Pindorama*: terra das palmeiras. São Paulo: Cosac Naify, 2008.

CAVALLEIRO, Eliane. *Do silêncio do lar ao silêncio escolar*: racismo, preconceito e discriminação na Educação Infantil. São Paulo: Contexto, 2000.

CERTEAU, Michel de. *A escrita da história*. 3. ed. Rio de Janeiro: Forense Universitária, 2011.

CHARTIER, Roger. *A história cultural*: entre práticas e representações. Lisboa: Difel, 2002.

COELHO, Ronaldo Simões. *Pérola torta*. Belo Horizonte: Dimensão, 1995.

COLL, César. *Psicologia e currículo*. São Paulo: Ática, 2000.

_____ et al. *O construtivismo na sala de aula*. São Paulo: Ática, 1996.

_____ et al. *Os conteúdos na reforma*. Porto Alegre: Artmed, 1998.

CUNHA, Manuela Carneiro da. *História dos índios no Brasil*: história, direitos e cidadania. São Paulo: Claro Enigma, 2013 (Coleção Agenda Brasileira).

FAUSTO, Boris. *História do Brasil*. 14. ed. São Paulo: Edusp, 2015.

FERNANDES, Florestan. *O negro no mundo dos brancos*. 2. ed. São Paulo: Global, 2007.

FERRO, Marc. *A história vigiada*. São Paulo: Martins Fontes, 1989.

_____; SILVA, Glaydson José da. *Teoria da história*. São Paulo: Brasiliense, 2008.

GATTAI, Zélia. *Anarquistas, graças a Deus*. Rio de Janeiro: Record, 1997.

HERNANDEZ, Leila Leite. *A África na sala de aula*: visita à história contemporânea. São Paulo: Selo Negro, 2005.

INSTITUTO BRASILEIRO DE GEOGRAFIA E ESTATÍSTICA (IBGE). *Atlas geográfico escolar*. 7. ed. Rio de Janeiro: IBGE, 2016.

JENKINS, Keith. *A história repensada*. São Paulo: Contexto, 2003.

KARNAL, Leandro (Org.). *História na sala de aula*. São Paulo: Contexto, 2003.

LE GOFF, Jacques. *História e memória*. Lisboa: Edições 70, 2000. v. 1 e 2.

MACHADO, Nilson José. *Cidadania é quando...* São Paulo: Escrituras, 2001 (Coleção Escritinha).

MATTOS, Ilmar R. de et al. *O Rio de Janeiro, capital do reino*. 12. ed. São Paulo: Atual, 2008.

MUNDURUKU, Daniel. *Coisas de índio*. São Paulo: Callis, 2000.

NOVAIS, Fernando (Org.). *História da vida privada no Brasil*. São Paulo: Companhia das Letras, 1997. v. 1, 2, 3 e 4.

PEREIRA, Amilcar Araújo; MONTEIRO, Ana Maria (Org.). *Ensino de história e culturas afro-brasileiras e indígenas*. Rio de Janeiro: Pallas, 2013.

PETTA, Nicolina L. de. *A fábrica e a cidade até 1930*. 10. ed. São Paulo: Atual, 2004 (Coleção A Vida no Tempo da Fábrica).

PIAGET, Jean. *A psicologia da inteligência*. Rio de Janeiro: Vozes, 2013.

PINSKY, Carla B. (Org.). *Fontes históricas*. São Paulo: Contexto, 2005.

PINSKY, Jaime (Org.). *O ensino de história e a criação do fato*. São Paulo: Contexto, 2008.

PRIORE, Mary Del. *História das crianças no Brasil*. 7. ed. São Paulo: Contexto, 2015.

RIBEIRO, Darcy. *Os índios e a civilização*: a integração das populações indígenas no Brasil moderno. 7. ed. 6. reimp. São Paulo: Companhia das Letras, 2009.

ROSA, Nereide S. Santa. *Festas e tradições*. São Paulo: Moderna, 2001 (Coleção Artes e Raízes).

_____; SCATAMACCHIA, Maria Cristina M. *O encontro entre culturas*: europeus e indígenas no Brasil. São Paulo: Atual, 1994 (Coleção A Vida no Tempo).

SCHWARCZ, Lilia Moritz; STARLING, Heloisa. *Brasil*: uma biografia. São Paulo: Companhia das Letras, 2015.

SILVA, Aracy Lopes da; GRUPIONI, Luís Donisete Benzi. *A temática indígena na escola*: novos subsídios para professores de 1º e 2º graus. São Paulo: Global, 2004.

SOUZA, Ana Lúcia Silva; CROSO, Camila (Org.). *Igualdade das relações étnico-raciais na escola*: possibilidades e desafios para a implementação da Lei 10.639/2003. São Paulo: Ação Educativa-Ceert; Petrópolis: Ceafro, 2007.

SOUZA, Marina de Mello e. *África e Brasil africano*. 3. ed. São Paulo: Ática, 2012.

SPÓSITO, Eliseu S. *A vida nas cidades*. São Paulo: Contexto, 2004.

VIANA, Arievaldo. *Acorda cordel na sala de aula*. Fortaleza: Gráfica Encaixe, 2010.

VICENTINO, Claudio. *Atlas histórico geral e do Brasil*. São Paulo: Scipione, 2011.

VYGOTSKY, Lev Semenovich. *Pensamento e linguagem*. Trad. Jefferson Luiz Camargo. 4. ed. São Paulo: Martins Fontes, 2008 (Série Psicologia e Pedagogia).

ZABALA, Antoni. *A prática educativa*: como ensinar. Porto Alegre: Artmed, 2007 (Biblioteca Artmed Fundamentos da Educação).

Destacar

Página 15 › Atividade 3

Cartão-postal

Cole a foto aqui.

Página 34 › Atividade 1

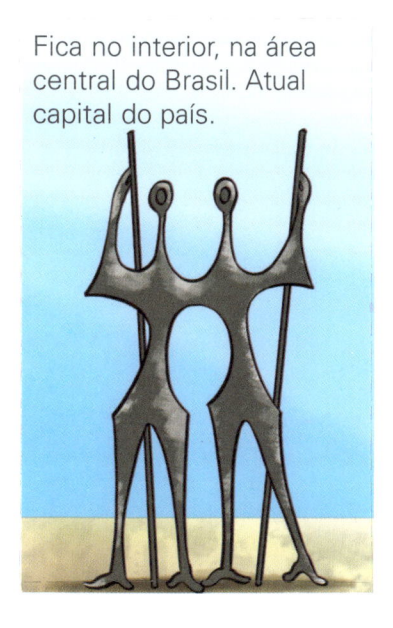

Fica no interior, na área central do Brasil. Atual capital do país.

Fica no litoral e foi área produtora de cana-de-açúcar. Primeira capital do Brasil (de 1549 a 1763).

Segunda capital do Brasil (até 1960). Fica no litoral, próxima da área de onde já se extraiu muito ouro.

Ilustra Cartoon/ID/BR

cento e trinta e sete 137

SELO

Dicas de montagem:

1. Após destacar as peças, dobre as abas com vincos.

2. Encaixe as partes com números iguais, unindo sempre uma bolinha azul com uma vermelha.

139

Destacar

Página 98 › Atividade 1

A — Luciola Zvarick/Pulsar Imagens  
B — Museu da Casa Brasileira - MCB, São Paulo, SP. Fotografia: Romulo Faldini/Tempo Composto
C — Artur Keunecke/Pulsar Imagens  
D — Ismar Ingber/Pulsar Imagens 
E — Cesar Diniz/Pulsar Imagens 
F — Renato Soares/Pulsar Imagens

Página 104 › Atividade 4

Pepita de ouro. — Rafael Duarte/Fotoarena
Bicicleta. — Ti Santi/Shutterstock.com/ID/BR
Búzios. — Seashell World/Shutterstock.com/ID/BR
Marfim. — Svetlana Foote/Shutterstock.com/ID/BR

cento e quarenta e um 141

Destacar

Página 121 › Atividade 3

Fonte de pesquisa: *Atlas geográfico escolar*. Rio de Janeiro: IBGE, 2016. p. 90.

cento e quarenta e três